心理学与说服力

Psychology & Persuasion

谢岚 著

图书在版编目（CIP）数据

心理学与说服力 / 谢岚著. —哈尔滨：哈尔滨出版社，2018.3
ISBN 978-7-5484-3789-5

Ⅰ. ①心… Ⅱ. ①谢… Ⅲ. ①心理交往—通俗读物 Ⅳ. ①C912.11-49

中国版本图书馆CIP数据核字（2017）第305281号

书　　名：	心理学与说服力
作　　者：	谢　岚　著
责任编辑：	翟嫦娥　韩金华
责任审校：	李　战
封面设计：	主语设计

出版发行：	哈尔滨出版社（Harbin Publishing House）
社　　址：	哈尔滨市松北区世坤路738号9号楼　邮编：150028
经　　销：	全国新华书店
印　　刷：	北京嘉业印刷厂
网　　址：	www.hrbcbs.com　　www.mifengniao.com
E-mail：	hrbcbs@yeah.net
编辑版权热线：	（0451）87900271　87900272
销售热线：	（0451）87900202　87900203
邮购热线：	4006900345（0451）87900345　87900256

开　　本：	710mm×1000mm　1/16　印张：14　字数：190千字
版　　次：	2018年3月第1版
印　　次：	2018年3月第1次印刷
书　　号：	ISBN 978-7-5484-3789-5
定　　价：	39.80元

凡购本社图书发现印装错误，请与本社印制部联系调换。　服务热线：（0451）87900278

目录 CONTENTS

第1章 治病寻根，说服要从本质入手

说服就是一场思维攻坚战　002

有效沟通是说服的前提　005

利用对方的潜意识，强化同频信息　008

逻辑就是双方对战的切入点　011

给对方一个想要的答案　014

把话说到"靶心"上　018

第2章 为说服造势，提高你的影响力

说话语气弱，力度就不够　024

站着说话，事半功倍　025

说话简明扼要，拒绝"唐僧体"　027

不信？没关系，看我用数字说话　028

恰到好处的沉默比语言更有力量　031

第3章 提升说服掌控力的宝典

控制不了自己,怎么说服他人 034
话不在多,有用才行 035
重要的事情说三遍 037
做一个富有魅力和威望的成功者 039
第一印象究竟有多重要? 042
说服语言拒绝"被动形式" 044

第4章 说服高手骨子里都是逻辑大师

巧设陷阱,让对方多说"是" 048
刚柔并济,软硬兼施 050
开门见山,说到对方不好意思拒绝 052
"转换角度",用对方的立场说服 055
旁敲侧击,说服也需要"绕圈子" 057
提出挑战,自我面对说服法 060

第5章 说服是技术,也是艺术

你的"气"质与说服力 064
运用语调增强感染力 066
声行并举,增强表现力 067
你的口语没节奏,难怪对方不感兴趣 070
有活力的声音才是最美的 072
自信的人说什么都对 073

第6章 奇拳怪招，攻心说服

不准？我偏要做 078
正话反说有奇效 080
以谬制谬，敲醒当局者 081
同步心理巧说服 082
场面类比，反驳诘难 084
借助权威，有力说服 085

第7章 治愈演讲尴尬症

以独特的演讲风格征服"吃瓜群众" 088
随时关注听众反应 091
"巧妙重复"巩固中心思想 093
拿出给力的证据 096
让"自己"入题，"献身"说法 099

第8章 让谈判对手心服口服

找对话题，降低对手警觉性 104
多用"所以"，使对方与你统一战线 106
扼制他，用你嘴说出他的反对意见 107
对方不想说话并向你扔出了"我不知道" 109
先拖时间，再用简短"总结"逆袭 111
发出"最后通牒"，逼服对方 114

第9章 出来逛，迟早都要买的

拿好你的"敲门砖"，先让顾客接受自己 118
销售高手的"独门秘籍" 121
没什么想买的？唤醒对方的潜在需求 126
想钓到鱼就要像鱼一样思考 130
全面掌控对方心理变化，做个小机灵 134
妙用"高价"，让对方乐呵呵当"冤大头" 137
无往不利的销售魔法——催眠说服 139

第10章 好工作需要好口才

面试官的挑战 146
避开问题的锋芒 147
听出弦外之音 148
不要漫天要价 149
打破沉默，拒绝冷场 151

第11章 不会说话还想升职加薪？

学会汇报工作，提升能力 154
陈述升职或加薪的理由要充分 156
向领导邀功请赏的两大技巧 158
出差时更适合跟领导谈谈"薪" 160
谈"薪"不伤感情 162

第 12 章　自古深情留不住，总是套路得人心

利用"登门槛效应"提请求　166

托人办事就这样套近乎　168

用寒暄打开话题闸门　169

求人帮忙，从满足对方优越感开始　171

用适当的话语引起对方的心理共鸣　173

请将不如激将　175

告诉对方"你很重要"　177

第 13 章　见招拆招，无惧"鸿门宴"

请客吃饭，好理由"打头阵"　180

巧妙说出宴会致辞　182

那些"搞事情"的祝酒词　183

劝酒有分寸，无心莫强求　184

"以牙还牙"早过时了，现在流行"以礼还礼"　186

拒绝不伤颜面，不喝酒也有人情味　187

第 14 章　把"小祖宗"管出花来

好奇心使用手册　194

没有人不喜欢这种说服　196

蹲下来，和孩子一起成长　197

别把自己当"皇帝",你的命令好"难听"　198
肯定诱导法　200
孩子"搞破坏",试试奖励递减法　202
当头棒喝,温柔劝慰要及时　203

第 15 章　调解纠纷,不做照镜子的"猪八戒"

自动放弃争吵法则:唤起当事人的荣誉感　206
不偏不倚,肯定双方的观点　207
主攻一方,让其主动退出　210
私下单独称赞对方,使双方各退一步　211
左拍右迎,调节争端　213
提出稍稍折中的意见　214

第 1 章
治病寻根，说服要从本质入手

说服就是一场思维攻坚战

"思维决定行动",即人们的行动受自身思维的控制。因此要想成功说服对方,首先就要改变被说服者的想法,让他们顺从说服者的思维,只有这样他们才会在这种思维的引导下去执行某种行为,说服者才能达到自己的说服目的。所以说改变思维才是说服成功的前提。

改变思维并不是一件容易的事。想要使他人的想法发生变化,说服者往往需要用自己建立的思维程序代替被说服者原有的思维。这种思维代替的说服力在购物时最为常见,一个本不打算消费的人在导购的引导下进行消费,这往往就是消费者被导购"说服"的过程,在这个过程中消费者的思维转变了。这种情况下的思维转变通常是由说服者偷换了被说服者原有的思维概念造成的。

麦克和约翰同为一家超市不同品牌的洗衣粉推销员,同行是冤家,所以两个人就成了竞争对手。为了提高促销的营业额,两个人在促销日分别想了不同的促销手段。

麦克的思路是赠送。因为购买洗衣粉的人大多是家庭主妇,麦克就以套餐的形式,赠送衣架、钢丝球等低成本的家庭用品。麦克感觉家庭主妇的思想就是占的便宜越大,就越愿意把自己的钱花在他的促销台上。

约翰的想法不同,他的思路是以洗衣的洁净程度,配合自己的洗衣粉,留住家庭主妇。在促销的当日,约翰自编了一套洗衣手法,配合自己的洗衣粉现场演示。以自己品牌的洗衣粉,配合不同的独特洗衣手法,分别洗去了不同污渍，让四周的家庭主妇们感觉这种洗衣手法十分有趣，而且配合洗衣粉后的去污能力也让人满意。

就这样，购买约翰的洗衣粉可以学习这些有趣的洗衣手法，这让超市中的家庭主妇们竞相购买。而麦克的柜台前却是门可罗雀。

其实麦克的方式并没有错，他延续了家庭主妇的一贯思维：占小便宜。但是约翰采用了更加直观的方式，改变了家庭主妇的惯性思维，成功地对她们进行了"洗脑"，使她们认为约翰的洗衣粉更值得购买——以现场互动并可以学习洗衣手法的形式，偷换掉家庭主妇购买洗衣粉时贪小便宜的思维。这样一来很多家庭主妇会认为，这种洗衣粉配上这种洗衣手法达到了超强的去污效果，进而争相购买。

思维掌控，是通过说服手段让某个人或某群人的思想渐渐转变，从而实现某种目的。

一般来说，思维决定行动，以改变思维为说服的出发点，是说服者提高说服力的第一准则。说服的过程就是一场说服者与被说服者的思维争夺战。无论是销售行为、话语掌控，还是公众演讲、应对面试……都是为了影响人的思维，从而实现奇妙的说服效果。

亨利国王在给他的儿子讲家族的故事：家族三百年前是这片土地的奴隶主，这个家族圈养着上百个奴隶，这些奴隶负责干活，亨利家族给奴隶最差的生活条件：水、食物和住处。将近百年的奴役行为让奴隶们越来越不满，奴隶们不愿意把自己辛辛苦苦耕种的粮食上交给奴隶主，于是就有了阶级斗争。亨利家族不可能打败上百个奴隶，于是就假装失败，并公开投降道歉，然后在这个土地上建立了城邦，由亨利族长做城主。

奴隶们为什么会帮助建立城邦？因为亨利答应奴隶们只要让他做城

主，奴隶们就可以过正常人的生活，而且奴隶们可以有自己的家，包括医疗等都可以自主，他们再也不是奴隶而是农民。自己种地的收成只需上交一半，而且这些不是给亨利，而是用来运作整个城的。于是再也没有奴隶了，农民们认为这样做是对的，而且越来越多的人进了亨利城，做了农民。

又过了一百多年，农民起义了，因为他们感觉亨利家族依然在剥削他们。亨利家族还是不慌不忙地道歉，这次亨利城主对所有农民说："我错了，我建议建立一个国家，在这个国家中人人平等。让我做国王吧，我会保证你们再也不需要上交什么，你们都是公民，也不用总是种地，可以参与商业、工业，甚至是政治管理，我会把我们的国家建立得很完美。"于是亨利家族世袭了国王，建立了税收制度。

就这样，亨利国王合上了家族史，对他的儿子说："看到外面那些工作的奴隶了吗？如果他们在你执政的年代反抗，记得建立一个参议院就可以继续做奴隶主了！"

亨利国王讲的故事是经典的提高说服力以达到目的的案例，每一个时期的"亨利掌门人"都巧妙地利用说服改变行为的本质，让自己统治的人越来越多。从最早的"纯剥削"到"维护城市运作"再到"税收"，这种价值标准的改变，让被统治的人的心态从"自己被剥削了"到"为了城市运作尽力"再到"为了纳税义务"慢慢乐于上交自己的所得。每一次变革都是洗去了旧的行为模式，提出新的价值评价体系，这种说服方式将统治本质完全掩盖，使亨利家族利用"洗脑"说服术依然寄生在所有被统治阶级之上。撇开统治阶级的历史退步作用不论，这种转换被说服者思维的功力，是值得研究的。

说服的难点之一在于，人们内心的抵触往往是基于对行为的抵触。

被说服者由于不愿意继续做某些事情而产生了抵抗情绪，说服者要利用这种情绪给予被说服者一种新的思维模式，以便让被说服者能够顺着说服者的逻辑，向说服所要达到的方向导引。

有效沟通是说服的前提

沟通是连接我们与他人的重要桥梁，在我们生活当中无处不在。从某种意义上讲，沟通已经不仅是一种说服技能，而是一种生存方式。沟通能力可以说是人作为一种社会性生物的基本素质，良好的沟通能力可以保证我们尽快得到他人的信任。沟通的目的就是为了有效传递信息。从说服力的角度来说，沟通是让对方接受自己的想法、观点，是实现说服的有效途径，在不断的沟通中说服就实现了。

在管理活动中也是如此，沟通可以保证一个管理者能够将说服方法有效地实施在员工的身上。

美国一家公司的总经理非常重视管理层与员工之间的相互沟通与交流，他曾有过一项"创举"，改变了沟通方式，从而达到提高管理水平和高效运作的目的。

在管理层和员工之间，以往的意见箱起不到太大的作用，员工情绪化的最大根源在于感觉自己不被尊重，因为自己的想法和意见总是被直属上司一言否决。于是这位总经理就设立了新的沟通方式：凡是被驳回的建议和创意，都可以在每月的总结会上匿名提出，让管理层的更多人集体审核，投票表决。如此一来，员工感觉自己的机会并不是只有一次，而且有受到公司高层尊重的感觉，增强了工作热情并且拓开了创意思维。

这位总经理的改变，是在沟通上推陈出新，更加有效地保证了公司对员工的说服实效。沟通有利于领导者激励下属，建立良好的人际关系和组织氛围，提高员工的士气。人一般都会要求他人对自己的工作能力有一个恰当的评价，总经理设立的新的沟通方式让员工有一种被重视和尊重的感觉，反而是最好的激励。这个改变最终为公司带来了进步和效益，让每个员工更好地为公司服务，工作达到公司要求，这就是运用沟通的方式给员工实施影响的最佳体现。

在销售领域，很多专业的销售精英在做指导的时候总是会说："我们必须知道顾客需要什么，然后给他需要的。如果你不知道，就想办法和他沟通，让对方说出来。"

迈特对各种汽车的性能和特点了如指掌，作为汽车推销员，从根本上来讲，推销对于他来说应该是得心应手的。但遗憾的是他喜欢一味地推荐自己认为好的汽车，很少与顾客进行沟通了解顾客需要。他给客户推荐汽车时，根本不询问客户的意见，而且常常令顾客哑口无言，最后客户只能说："那我再考虑一下，有需要一定找您。"

一次经理告诉他，迈特的一个顾客最后在另一位汽车推销员的手中买走了一辆汽车，迈特看了销售报告，奇怪地问："为什么？我推荐的车，性能、配件包括价格都是非常好的，而且我这么专业！"经理告诉迈特："顾客只想要一辆接送孩子和老人的车，你知道吗？"

经过这一次，迈特懂得了沟通和倾听的重要性。之后向客人推销怀特牌汽车，迈特给自己列了一个清单，上面包括品牌、价格、用途、存放地点等多达十五项的细节,每一次迈特都保证把这些都与客户沟通完,做比较后再向客户推销汽车。迈特发现,沟通是永无止境的,后来在这个清单中,甚至加上了"宠物"一项,迈特说:"当你带着一只吉娃娃出门和牵着三只德国牧羊犬出门,需要的车肯定有所区别。"

迈特在以后的工作中进行得很顺利,甚至还在当面沟通的基础上自己加上了售后服务,把更多顾客变成了朋友,也正是因为他的改变,后来他成了一位著名的推销员。

迈特的专业技能毋庸置疑,但是开始的时候缺乏沟通,只是一个人夸夸其谈很难促成订单。之后迈特自己列了清单,每一个细节都和顾客沟通,这就保证了迈特能够随机应变地调整自己推销的说服方向,更能让顾客感觉到迈特的细心。最后的私人售后服务更是进一步的沟通,只有了解清楚顾客想要什么,才能给他想要的。一个优秀的销售人员需要用推销说服的方式达到最终的成交目的,对专业知识的掌握固然重要,但是良好的沟通才是保证说服术顺利实施的方式。

实际上,掌握必要的沟通技巧,不仅对于销售人员来说具有莫大的助益,对于任何人都是有着极大的帮助的。生活、工作中,我们难免会遇到需要说服或劝说他人的情况。这时,我们最好的说服他们的武器就是不断与他们沟通,在不断的沟通中影响他们的认知,给他们"洗脑"。在说服的过程中,我们需要注意以下几点:

1.既要解决问题,又要不伤害双方的关系或对方的自尊。因此,措辞是否恰当是非常关键的,而采用恰当的措辞是沟通交流的前提。

2.必须知道说什么,就是要明确沟通的目的。如果目的不明确,就意味着你自己也不知道说什么,自然也不可能让别人明白,自然也就达不到通过沟通说服他人的目的。

3.必须知道什么时候说,就是要掌握好沟通的时间。在沟通对象正大汗淋漓地忙于工作时,你要求他与你商量下次聚会的事情,显然不合时宜。所以,要想很好地达到沟通说服的效果,必须掌握好沟通的时间,把握好沟通的火候。

4.必须知道对谁说,就是要明确沟通的对象。虽然你说得很好,但你选错了对象,自然也达不到说服的目的。

5.必须知道怎么说,就是要掌握沟通的方法。你知道应该向谁说、说什么,也知道该什么时候说,但你不知道怎么说,仍然难以达到说服的效果。说服他人要用对方听得懂的语言——包括文字、语调及肢体语言,而你要学的就是通过对这些沟通语言的观察来有效地使用它们。

6.用真诚之心浇灌沟通。真诚是理解他人的感情桥梁。而缺乏诚意的交流难免带有偏见和误解,从而导致交流的信息被扭曲。

7.在沟通交流的过程中,要善于使用"换挡"的技巧,即发送者和接收者互换角色,积极鼓励对方将想说的说出来。当对方表述的时候,说服者要仔细倾听;当对方准备倾听时,说服者又要尽快转而阐述自己的思想和观点。"换挡"技巧对于说服者的好处在于使对方愿意听你讲;从对方的"诉说"中了解与掌握其不满意和反驳的理由;给对方提供一个畅所欲言的场所等。

利用对方的潜意识,强化同频信息

潜意识是影响他人心灵的重要因素,如果你能通过影响对方的潜意识来提高说服力,那么说服对方就不是一件难事。

人的潜意识里的信息会绕过主观判断来直接影响行动。如果你能让对方在潜意识里接收到要帮助你的信息，那么你就能有效抑制住对方主观上不愿帮忙的想法。为了实现这一点，你必须把你的要求通过影响对方的潜意识来传达给对方。比如，到下班的时间，可是你的工作还没有完成，这个时候你需要某个同事的帮助。当然，你可以直接对他说："××，我的工作不能完成，能不能在下班后给我帮下忙？"一般情况下，如果××是你的好朋友，那么他可能不会拒绝。但是，如果他不是，那么他大概就不太愿意帮忙。这时，你就要直接向××的潜意识提要求。你可以说："××，明天经理就要这些东西了，可是靠我一个人今天肯定完不成了，即使加班也不行。我该怎么办？"这些语言上的表面信息通过你的气场能量传递给××，而××的气场在接收到该信息后，他的潜意识会这样理解：他一个人加班也完不成，所以他需要帮助，而且他认为只有我能帮他，因此，他找了我，我应该帮助他。这样一来，即使不能保证××百分之百答应帮忙，至少他拒绝的可能性变小了许多。

当你还没说出自己的要求，对方就对你有所提防，甚至有对立的情绪时，一般的方法可能就无法说服对方了。这时你可以通过向对方的潜意识传递能削弱对方气势的信息来达到说服的目的。

克里夫刚毕业，他到当地最好的医院去求职，可院长却架子十足，根本没把他放在眼里。克里夫在院长滔滔不绝地介绍医院规模、设备的过程中，很随意地问了一句："请问院长先生，您这里的CT是第几代的？"院长听了大吃一惊，有点为难地说："我们还没有这种设备。"克里夫说："那么核磁共振扫描仪（比CT更高级的设备）肯定有吧？"院长用惊奇的眼光看着他："没有。难道这些你都会使用？"克里夫轻描淡写地回答:"实习的时候用过。"之后,院长转变了态度,亲自送克里夫出门,并热情地欢迎他来工作。

求职者一般都会极力介绍自己的长处,但刚毕业的学生往往无法把自己提升到足够强并影响对方的程度。在这个案例中,克里夫的聪明之处在于他没有直接自夸,而是用暗示的方式在潜意识中打击了对方。当院长处于弱势时,克里夫的影响力就相应被放大了。这是通过暗示来作用于院长的潜意识的,而不是通过表面信息来实现的。

不过这种方式并不能使用于任何场合,如果运用不当还有可能会激怒自尊心很强的人,那样反而会强化对方的负面情绪,你对对方的说服也就无法得到贯彻了。因此,要想利用潜意识说服他人,还必须懂得强化对方的正能量,并通过强化同频信息来实现彼此间的共鸣。

丽兹急着赶飞机,却正值交通拥堵的高峰期。她向出租车司机提供了一条可能比较好的路线,但对方对她嚷道:"聪明的小姐,我已经当了15年出租车司机了,你认为我还不知道走哪条路最好吗?"虽然丽兹一再说明她并非有意冒犯,可司机仍然咆哮不止。最后,她意识到司机可能因为什么别的事而正在气头上,所以对他怎么解释也没用。于是,丽兹恳切地说:"你说得对,你当然比我更熟悉路线。我确实很糊涂,还以为你不知道要穿过这座城市该走哪条路才最合适呢。"司机听到这话顿时不吭声了,并用疑惑的眼光从后视镜看了丽兹一眼,并把车开到了丽兹建议的路线上。

表面上的拒绝,用的往往不是潜意识里的那个理由。就像那个司机,其实他生气的原因并非路线问题,而事实也证明丽兹提议的路线是合理的。所以，当从表面的理由入手无法说服对方，而你也很难看透对方潜意识中的问题时，你就可以像丽兹一样，把对方表面的借口当作一个同频信息，赞同并强调这一点，以此来获得对方的认同感。这样一来，你的诉求将直接被对方的潜意识接受。

暗示就是利用气势来影响对方的潜意识，进而使对方答应你的请求。运用好这一方法，往往能使对方发自内心地帮助你，不但不会产生不愉快的情绪，甚至还能加深你们之间的联系。

逻辑就是双方对战的切入点

当我们客观地去分析"说服力"，不禁感慨说服者的逻辑如果不是完美到无懈可击，那么一定是为被说服者量身打造的，因此被说服者在这种有备而来的逻辑说服术之下只能无条件投降。当我们从说服的当局抽身出来，以一个旁观者的角度去看说服者运用自己的逻辑影响或者说服对方的案例，我们会发现说服者的思维逻辑是那么周密和灵活，它涉及概念、推理、论证等方方面面的智慧。

逻辑是一个人思考的规律，如果一个人的思考规律被别人摸透，就很容易被他人找到思维的弱点对症下药后说服。说服有时候就是一场思维的攻坚战，逻辑就是双方对战的切入点。常言道，"知己知彼，百战不殆"，一个人的逻辑和思维习惯都被对方摸透，就像是两军对战时被对方知道了自己的作战计划，只要对方稍加揣摩就能够制定出战胜自己的方法。

当时号称"狼群"的德国潜艇在大西洋上横行一时，对盟军的海上运输构成严重的威胁。更令人吃惊的是，德军还研制了一种感音鱼雷，即将投入战斗。盟军派出了大量的谍报人员想搜寻有关的情报，但都一无所获。

不久，美军在大西洋击沉了一艘德国新式潜艇，碰巧有一名曾参与感音鱼雷制造的军官正在潜艇上，他名叫汉斯。美军采取了各种各样的审讯，但汉斯立场顽固，软硬不吃，最后美军把任务交给了海军军官泰勒。

泰勒会说流利的德语，知识渊博，风流倜傥，他不把汉斯当作俘虏，反而与之交上了朋友。通过长期的接触，泰勒的风度、才华使汉斯佩服极了。

一天泰勒邀请汉斯到家中下棋，两人边下边谈，气氛融洽。"你为什么不审问我？"汉斯提出了他一直想问的问题。"你不过是一名普通军官，有什么好问的？"泰勒不屑一顾。"你错了，我是一名经过专业训练的优秀的鱼雷军官！"高傲的汉斯有点被激怒了。"得了吧，老弟，就你那三流海军，还有什么鱼雷？"泰勒更轻蔑地摆了摆手。"请不要小瞧我们，我们不但有鱼雷，还有比你们更先进的感音鱼雷！"汉斯有点控制不住了。"哈哈，感音鱼雷，你别编神话了。"泰勒用嘲讽的大笑刺激汉斯。汉斯再也忍不住了，顺手抓过一张纸，画出了鱼雷的原理图，以证明自己没有讲神话。就这样，美军轻而易举就获得了感音鱼雷的秘密，研究了对策，使得德国的这一新式武器没能发挥出任何威力。

泰勒想知道感音鱼雷的秘密，但是在之前对汉斯的审讯中已经懂得汉斯是个软硬不吃的硬汉，所以泰勒以一种"怀柔"的逻辑方式激起汉斯的情绪，攻破汉斯的思维防线。泰勒发觉汉斯的逻辑和正常士兵相同，对方越审问他，他就越感到感音鱼雷的重要性，也就越不会说，于是泰勒反其道而行之，表现出不在乎的样子让汉斯的逻辑混乱，甚至让他对自己怀疑和对感音鱼雷不自信。最终，泰勒的说服逻辑就是抓住汉斯的缺点（不愿被人小瞧）用激将的方式彻底击溃了汉斯的思维逻辑。最终，在泰勒的套路下，美军获得了感音鱼雷的情报。

一个完美的逻辑链条是说服者必备的思维工具。说服者的最终目的是得到自己满意的答案。要想实现这一点，就要学会引导对方的思维。比如，不停地询问对方"是吗"，然后每个小问题对方必须说是，一步一步逻辑性地把对方绕进自己的思维模式，让对方无力反驳只能顺着自己的思维进行思考。

师傅斥责徒弟在对抗外敌的时候使用暗器偷袭是有辱师门的行为，但是徒弟理直气壮，以自己的逻辑让师傅哑口无言。

师傅："我们练武之人，和别人对抗怎能使用暗器？这完全不符合练武的精神！"

徒弟："师傅，练武不就是为了保家卫国，成为人们心中的大英雄吗？"

师傅："那这和使用暗器暗算别人有什么关系，我们要光明正大地打败敌人！"

徒弟："我是偷袭了，但是这样我能最快地杀死一个敌人，而且我也还活着，我活着就能杀死更多敌人，死更多敌人不就能更好地保家卫国了吗？那我不是英雄是什么？"

师傅一时无语，想了一下又说道："你这是什么逻辑，练武要光明磊落！"

徒弟："师傅，如果练武的人只顾着光明磊落而不能更好地保家卫国，那还要练武做什么，不如做个普通人。您不是教过我们，要知道为什么去做，才有意义，我就是为了杀更多敌人，保护国家和百姓，我感觉我没有错。"

师傅说不过徒弟，而且感觉徒弟说得非常正确，连自己都快要被说服了，于是找不到责罚他的理由，最后只能够愤愤而去。

事例中徒弟避开了师傅"光明正大"这个逻辑中心，以自己"暗算可以多杀敌人，杀敌人是为了保家卫国，保家卫国的人都是英雄"的逻辑让师傅无法反驳，师傅最终只能在徒弟的说服逻辑下"降服"。

人们在旅途中遇到一面墙挡住自己的时候，如果这面墙有一个门，人们会考虑怎样开门；如果有一扇窗，人们会考虑打开窗爬出去。但如果面对的是一面铁板，很多人就会考虑放弃。说服者的逻辑就像是一堵思维的墙，逻辑缜密、完整、无懈可击，说服者需要用这堵墙来阻挡住对方的思维走向，让对方放弃原来的思维，向自己投降。

给对方一个想要的答案

很多说服过程都是在问答中实现的。当说服者给出的答案让被说服者满意时，被说服者就被带入了说服者的思维模式里。具体而言，在实施说服的时候说服者会回答对方一些问题，答案如果正好是对方想要的，那么我们就可以很快地让对方放下心里抵抗同意说服者的意见，甚至可以主动做出让步。所以给出对方一个心里预设好的答案，猜透对方的心思，就是说服成功的真相。

以给予对方答案做说服术的桥梁，这个答案并不一定是公认的合理答案。说服高手都明白当一个人提出问题等待答案的时候，通常他的心里已经存在一个答案，回答他心中的那个答案要比回答其他任何答案都能取得说服效果，这才是说服成功的真相。

例如面试的过程就是一个普遍的问答说服过程。现在双向选择越来越频繁，面试官的答案可以直接影响到面试者对公司的向往程度，要想为公司招募和留住人才，面试官必须在面试时通过给予面试者满意的答案给对方施加说服力。

乔恩是一家 IT 公司的人事部经理，她的主要任务就是作为这家公司的面试官，为公司留下人才。在这方面乔恩做得非常完美，只要是她认为合适的人选，都会在她的面试中对公司充满认可与向往。这一天乔恩需要面试两个非常不错的技术员。

第一个是叫罗宾的大学毕业生，根据简历来看罗宾是 IT 技术专业，无工作经验，但是从他的毕业成绩和在校设计来看，很有潜力，工作目的是积累经验，并且能发挥自己的创意，希望能有出差的机会。面试时罗宾的第一个问题是自己的工资是多少，乔恩的回答是：由于你的经验不足，公司会给你安排实习期，实习期的工资不高，但是有相应的补助，等到转正工资会在 2 000 美元左右。罗宾的第二个问题是工作流程，乔恩的回答是：公司因为以开发为主，所以以创意为主，我会把你安排到一个老员工的手下学习并参与创意设计。罗宾的第三个问题是公司特殊的活动是什么，乔恩回答：外出学习，因为公司需要不断进步，所以经常安排员工出差学习各个合作大公司的 IT 操作理念。

第二个是叫安迪的技术工程师，已经做 IT 六年了，技术熟练，在上个公司的辞职是因为工作六年了但工资没有变动。因为已婚，工作的目的是赚钱养家。面对安迪同样的三个问题，乔恩的回答却是：1. 根据您的工作经验，我完全保证您的起步工资不会比之前的公司少，而且我们公司有工龄奖；2. 工作流程就是传统的IT编程，相信您很擅长；3. 特殊的活动是家庭日，定期我们会让员工带着家人来公司参加Party，家庭也是公司员工安心工作的保障。

最后无意外地，两个人都选择了这家公司，虽然实际情况或有出入，但是他们留下了。

同样的问题乔恩的回答完全不同。首先是工资，罗宾这种刚毕业的大学生是不在乎起初底薪的，安迪则不同。针对安迪之前的离职原因，乔恩使用"工龄奖"的方式有力地触动了安迪。其次是工作流程，罗宾年轻注重挑战，安迪工作时间久不喜欢变动，所以乔恩给的答案都是他们心里想要的。最后关于公司活动，乔恩更是完全根据两个人的需要来回答的，任何一个公司都会有外出和关心家庭的项目，但是乔恩回答对方的侧重点不同，有效地给两个人分别进行了"洗脑"。给予他们心里预设好的想要的答案，是乔恩面试说服成功的原因。

在说服过程中不是每个人都会开口询问答案，很多人都是保持沉默并在决断的时候徘徊不定。其实这个时候人们是在为自己找一个"该不该行动"的理由，这个理由也是其心中预设的答案，只不过自己还没有了解到。如果我们能直接告诉对方这个理由，促使他付诸行动，也同样是在"给予对方心中预设好的答案"，从而达到说服的效果。

夏蓉是一家房地产的销售员，结合多年的销售经验，夏蓉总结道：每一个买房子的人都最在乎一个方面，有人注重交通，有人注重环境安逸，有人注重附近的教育设施，有人注重购物……其实价格在这些方面的对比下并不是最重要的。例如为了交通方便，在上下班的路上节省出半个小时，大部分人是不在乎多花十几万的，而那些新婚夫妇则更注重四周的教育环境，为了今后孩子的教育他们也不介意多花钱。所以一定要说出对方心中想要的那个答案，给对方想要的购买理由。

夏蓉举了一个非常特别的案例：一对夫妇来给老人买房子，老人已经82岁了，不经常出门，不喜欢太安静的住所，因为怕有孤单感，所以普通的房子几乎都适合老人居住。但是销售房子时，都适合就代表都不适合，所以夏蓉带这对夫妇看了很多房子，他们都不太满意。就在夏蓉无奈的时候，听到男士说："回去想着买棵君子兰，上次那棵没养活，你爸挺心疼的。"夏蓉一下子就明白这对夫妇心中预设好的答案是什么了，只不过这对夫妇自己还没意识到。

夏蓉给他们推荐了一个"建筑拐角"的房型，这种房型有个特点是多向采光，买家可以把次卧和阳台打通作为一个采光极好的温室。在介绍房型的时候夏蓉着重指出该房屋适合老人养花，夫妇听后欣然签约。

案例中的夫妇心中其实有一个理想房型的答案，那就是适合老人。但是这个答案不够具体，什么样的房屋算是适合老人可能连他们自己都不太清楚。"种植盆栽"其实就是他们心中预设的答案，只不过这个答案是由夏蓉发现并告知这对夫妇的。那么销售房屋剩下的说服环节就很容易实现了，这个"答案"就是这对夫妇消费的决定性理由。

人们在提出问题时潜意识里都会不自觉地为自己预设一个答案。在对方能直接给出一个满足自己内心预设的答案时，人就会因为得到满足而放松警惕，进而被对方说服。细心了解这一"洗脑"真相，在自己心里设置一道防线，当自己预设的答案被对方作为说服的筹码时，我们就可以自由进退。

把话说到"靶心"上

一个高超的说服者必定知道走进他人心灵的说话艺术。如果在我们的话语里透着像玫瑰花一样的馨香，那么，这馨香无疑就能帮我们叩开他人的心房；如果我们的话语里回荡着像圆舞曲一样美妙的旋律，那么，在这美妙的旋律中他人就会向我们敞开自己的心扉；如果我们的话语里充满着像阳光一样的关爱和温暖，那么，这种关爱和温暖的种子就有可能在他人的心灵里开出理解和感激的花朵……

在说服他人的时候，我们说的话其实非常有学问，其中最关键的就是抓住能够让他人信服的核心进行说服，把话说到人的心坎里面，不然说出的话就等同于一番废话。最基本的例子是公司的"价值观说服"，制定和掌握这些程序的人是最大的赢家，坐在船上跟从于这艘信仰之船的人是被说服的目标，哪怕他们也参与了这个神话的营销，也无法逃脱被说服的命运。

著名的人力资源培训专家吴甘霖博士曾说过："要解决问题，首先要对问题进行正确界定。弄清了问题就等于找准了应该瞄准的'靶子'。否则，要么是劳而无功，要么是南辕北辙。"只有抓住居于对方思想支配地位的核心才能更好地说服对方。

美国芝加哥大学计划建造一座大楼，预计需要上百万美元的资金。校长哈伯马上将芝加哥的大富豪们一一列了出来，心中有了主意。

这天中午，哈伯来到了芝加哥电车公司。他趁工作人员都出去吃饭的时候，悄悄走进了总裁洛克菲勒的办公室。他说："您好！尊敬的洛克菲勒先生，我叫哈伯，是芝加哥大学的校长，我看外面办公室没人，就只好自己走了进来。"洛克菲勒听后，点了点头。

哈伯接着说："其实，我早就想来拜访你了。我知道你赚了很多钱，所以想为你提供一个流芳百世的机会，那就是让你在芝加哥大学兴建一所由你的名字来命名的大楼。原本，我早就想这样做了，但学校董事会的一位董事总想要将这份荣誉留给与你对立的人。老实说，我一直都对你怀有好感，是你最有力的支持者。如果你能够赞成我的主张，那么，我愿意去说服那位董事，让他来支持你。今天，我刚好路过这里，就顺便进来和你谈谈。这件事情你可以考虑一下，不必急于做出决定。倘若你想和我再谈谈这件事，就麻烦你抽空给我打个电话。先生，再见！能有机会和你聊聊，我很高兴。"

说完，哈伯便离开了洛克菲勒的办公室，剩下洛克菲勒一个人在沉思。

当哈伯回到自己办公室的时候，洛克菲勒打电话告诉他说，希望能和他再面谈一次，地点就在芝加哥大学。听到这样的消息，哈伯知道资金有望，便连忙高兴地答应了下来。

第二天早上，洛克菲勒如约来到了芝加哥大学。在办公室里，哈伯和洛克菲勒谈得很愉快，在友好的氛围中，洛克菲勒拿出了一张价值100万美元的支票，给了哈伯。

故事中的哈伯之所以能够如愿以偿地让洛克菲勒高高兴兴地开出了一张100万美元的支票，就是因为他找到了洛克菲勒心中处于支配地位的东西——荣誉，并以此入手把话说到了洛克菲勒的心坎里（如果你不要这个荣誉的话，这个荣誉就会落到你的对手头上）。由此可见，把话说到对方心坎里，对提升说服效果起着很大的作用。

某日，一男子试图制造一条轰动全国的新闻，竟私自爬上百米高的纽约世界贸易中心大楼，往楼顶一站，做出要跳下去的样子。很快，楼下围满了人。局长和警长轮番喊话，并试图救险，那男人总是威胁道："别过来，谁要前进一步，我马上就跳下去。"僵持了片刻后，约翰警官带着一个穿白大褂的医生气喘吁吁地跑了过来。男子照样威胁约翰，可约翰不为所动，他只是冷静地对男子说了一句话，那男子便乖乖地自己走下楼来。约翰说的是："我不是来救你的，我身边的这位医生要我来问问你，你死后，愿意不愿意把尸体捐献给他们医院？"

说服对方要懂得对方的思维，约翰知道这个男子的软肋在哪里。他并不想死，他只是想制造一条轰动全国的新闻，他不敢面对真正的死亡。要说服不想死却以死相威胁的人，最好的办法就是让他面对真正的死亡。约翰带着医生来，并且问他死后愿意不愿意把尸体捐献给医院，就是要让他正视死后尸体有可能被医院解剖的现实，让他真正感受到死亡的惨烈和恐惧，从而放弃自杀的想法。

说服他人所需的话不在于多，而在于是否把话说到了点子上。

杰瑞是一个聪明又幽默的警官，无论遇到什么难题，总能化"险"为夷。杰瑞为什么会顺利地解决棘手的问题，主要是他懂得人们的心理，总能找到在人们心中处于支配地位的东西。

有一天，三位女士为了芝麻大的事情，大吵大闹地来到了警察局。她们你一言我一语，谁也不肯让谁先说，声音大到几乎把房顶掀翻，弄得局长手足无措，只得叫人把杰瑞请来。杰瑞观察了一会儿，不紧不慢地说："我看你们的口才都不错，这样吧，请你们中间年纪最大的一位先说吧。"话音刚落，房间顿时鸦雀无声。

当三位女士争吵不休的时候，杰瑞的首要任务是让她们闭嘴。要让女人闭嘴就要抓住女人的心理，女人最怕别人问她们的年纪。杰瑞这一问，正中问题的核心，她们谁也不愿意让人知道自己年纪最大。杰瑞这一问就等于给这群争吵不休的女人"洗脑"了，洗掉了她们说话的"欲望"，达到了解决问题的目的。

找到居于支配地位的核心这种想法让我们领悟到，说服他人的时候，要学会抓关键，培养重点思维。一个人只有洞悉最有力的规则，发现最核心的秘密，然后迅速出手，心无杂念地抓住它并且坚决地执行，才可以完成令多数人仰望的"伟业"。

第 2 章
为说服造势，提高你的影响力

说话语气弱,力度就不够

想知道你刚刚接触到的人是什么样的人,我们可以通过对方说话的内容和语气来获得相关的信息,然后以此为凭据,进行分析、思考、归纳、总结。

在绝大多数情况下,人们对外界事物的认识、看法以及内心的情感,都是通过说话的方式传出去的。一般来说,充满自信的人,谈话时多用肯定语气;缺乏自信或者性格软弱者,说话的节奏多慢条斯理、有气无力,而那些喜欢用不确定语气结束话题的人,通常害怕承担责任。经常使用条件句的人,如"这只是我个人的看法""在某种情况下""不能一概而论"等等,大多属于怕得罪人的个性。

在文学大师郭沫若的历史剧《屈原》中,婵娟痛斥宋玉的那句"你这没有骨气的文人"远比原来"你是没有骨气的文人"显得有理。一字之差,语言有了强烈的感情色彩,语气也变得更加得体。由这个例子我们可以看出:在与人交谈时,我们要增强说服的气势,说话力度不够,就很难撼动人心。

如果想让自己的话听起来有气势,那么就应该多使用一些语气较强的词。语气较强的词能表现你的力量,肯定语气则可以表达出很强的气势和力量,"很""确切""最""绝对""肯定"等词的语气都比较强。语气较弱的词很容易暴露出性格上的弱点,"可能""一点""稍微"等词的语气比较弱。

可以用一些让人放心的言辞,以增强别人对你的好印象。"下班之前你能把文稿交给我吗？"当老板这样问你时，如果你回答"嗯，差不多吧"或"尽量吧"，老板就会觉得你做事没自信。气势，有时候要懂得必要的伪装。"肯定可以完成！"这样充满自信的回答，远比上面的回答更让你的老板高兴。

当有些事你完全可以做到时，就不要使用语气弱的词语。多使用语气较强的词语，让自己的话听起来更有力，尽量不要使用"或许""可能""恐怕"之类的词语，这才是聪明的说话者。

当然，语气的强弱要考虑场合、时机、对象等因素。要灵活恰当地运用语气的多种形式，做到适时而发。

首先，把握语气要注意说话的场合。一般来说，场面越小，越要注意适当降低声音，适当加快语速，并把握语势的下降趋势，以追求自然的效果；场面越大，越要注意适当提高声音，将语速放慢，把握语势上扬的幅度，来突出重点。

其次，把握语气还要抓住说服的时机，同样的一句话，在不同的时候说，效果往往大相径庭。抓住时机，运用适当的语气，才会产生更好的说服效果。

最后，驾驭语气还要因人而异。语气要适应于"听话者"，语气能够影响谈话对象的情绪和精神状态，这样才能引起对方谈话的兴趣，从而赢得说服的成功。

站着说话，事半功倍

站着说话可以有效地提高我们的"存在感"，让人感受到一种威慑力，从而增强自己心理上的气势。例如在课堂上老师都是选择站着讲课，很多演讲者演讲时大多也是选择站姿。

华盛顿大学的巴里·施瓦兹教授在实验中证实过这一论断。实验中，他拿着两张分别以坐姿和站姿拍摄的照片征求人们的意见：哪种姿势更具有威慑力？结果有近六成的人觉得站姿更具有威慑力。

从上向下俯视会增加对方的心理压力，个子高的人也可以"俯视"对方，使对方产生畏惧心理。如果一个人低着头，无精打采地走路，即使他有很强的实力，在别人眼里他也是一个弱者。所以，个子高的人应该好好利用从父母那儿遗传而来的好身板，尽量给人一种强有力的印象，个子矮的人则要挺直腰板，不要再驼背，否则看上去就更软弱了。

从下往上仰视对方的话，就很有可能被对方的威慑力压制。从上往下俯视对方，是威慑对方的一种好办法。所以，当你向对方提出要求时，尽量选在他们坐着而你站着的时刻，这样成功的概率比较高，因为对方坐着而你站着，你的气势会相对较强。

在电视上，我们经常可以看到，那些说话非常有气势的警察或者商务精英总是站着接电话。他们就是通过"站姿"来使自己的声音更加有气势。相反，如果你坐在椅子上接电话，背部很容易弯曲，从而压迫胸部，使呼吸变得急促，语速也会不自觉地变慢，最终导致声音失去张力。所以，当你要求对方做某事时，别忘了，一定要站着。

另外，选择怎样的站姿也是需要关注的细节，从心理学的角度来看，当交谈双方都是选择站姿时，如果想要在心理上占据优势地位，你的右脚应该迈出一步，以一种要包围对方左侧的姿势靠近对方。因为人总会本能地保护自己的心脏，侵犯对方的左侧领域，会使对方感觉到一种无形的压力，从而形成一种恐惧的心理。

综上所述，站姿是一种攻击性的姿势。如果想要营造轻松的气氛，就应该先请对方入座，然后自己再坐下来，以消除对方的紧张情绪。我们应该根据不同目的，选择使用站姿还是坐姿。

说话简明扼要，拒绝"唐僧体"

抓住重点，理清思路，这是说话的基本要求，也是说好话的前提。说话时要言简意赅，讲求简洁性原则。现代社会人们工作十分繁忙，无论在什么场合发表讲话，一定要注意掌握时间。有的人一讲话就没完没了，令人生厌。掌握讲话技巧的人往往会在相对短暂的时间里结束讲话，既突出重点，又简明扼要，从而赢得宝贵的时间，提高了工作的效率。

开口说话前，首先理清思路。尤其是下属向上司汇报工作的时候，话要说得越精简越好。上司一般情况下公务繁忙，时间安排得比较紧，哪有时间和耐心去听一位反反复复说了一堆，也不知重点要说什么的员工汇报工作？在其他场合里，也没有人会喜欢一个说话絮絮叨叨、没有重点的人。

说话简明扼要，做到语言简洁，要掌握以下三点：

首先，把握主题，抓住重点。说话不是照本宣科，难免带有水分，有时会插一些题外话，有时会发现已讲过的某个问题需要临时补充。作为一个高明的说话者，应时刻将说话的主题牢记在心，这样不管怎样插话，都不会偏离说话的中心。那些能一口气讲几个小时被认为是口才很好的人几乎都没有给人留下什么好印象，在被调查的人群中，有一半以上的人声称，讨厌没有重点、长篇累牍的演说和讲话，而有超过70%的人称，最喜欢那些简短的演讲。

其次，要在文字上下功夫，注意文字的推敲和锤炼。实践证明，句子长度越长，结构越复杂，越难被人听懂；句子长度越短，结构越简单，越容易被人听懂。说话中应当注意在句式变化的同时，多用短句少用长句。短句的表达效果简洁、明快、活泼、有力，不仅可以干脆地叙述事情，还可以表达激动的情绪、坚定的意志和肯定的语气。

时任美国总统里根在奥运会开幕式上的致辞仅用了十六个英文单词，译成中文是："我宣布，进入现代化的第二十三届奥运会，在洛杉矶正式开幕！"面对急于观看奥运会盛况的观众，这短短一句话的致辞产生的效果不知要超过长篇大论多少倍。

最后，要严而有序。与写作相比，说话是口耳相传的语言活动，由于没有过多的时间让听众思考，因此逻辑关系要更为清晰、严密，观点和材料的排列要便于理解、记忆和思考。

不信？没关系，看我用数字说话

有那么几年，全世界各地的飞机经常失事，常外出旅行讲学的人们都感到恐惧万分。某日，有人开玩笑地向一位航空公司卖票的职员说："飞机这样常常失事，要是有天给我碰上了可就糟了，我看我还是自己开车去讲学吧！"

这位职员不以为然地说："先生，因为飞机失事是件太严重、太不寻常的事，所以一旦发生便吓坏了旅客。其实，飞机出事的概率比起中奖券的概率还要小得多。"

"奖券期期有中呀！难道飞机失事也班班有？"

"不可能,不可能,准确地说,飞机失事的概率连十亿分之一都不到。"职员充满自信地解释。

他这样一说明,用数字一打比方,乘客镇定了,不安全感也被一扫而空,这乃是"数字"的魔力。

这位职员利用数字的魔力说服他人的高度技巧不得不令人佩服。

在推销活动中,客户对推销员天然地存在一种怀疑心理。这时候如果推销员能够拿出一系列统计数字,用数字来说话,相对来说就能更容易地说服客户。

常州标业机械厂一位推销装载机的推销员劝说河南密县一位开汽车跑运输的个体户:把汽车卖掉再添几万元买台装载机。个体户问为什么,推销员就给顾客算账:密县煤矿多,用装载机的地方多,但装载机却很少。买一台机器出租,一小时租金不低于60元,一天收入约500元,这样8个月左右就可以收回成本。这位个体户听后立即改弦更张,不跑运输了,当年就从推销员手中买了3台装载机。

用数字来做生意的方法不失为一种很好的策略。"花一毛多钱,就能让您的居室铺上地毯,您信吗?"当推销员这样告诉顾客,引来的将不仅仅是好奇。这也是推销中的一项技巧。

在一个地毯商店里,一位顾客进来看了看后,指着一块地毯向营业员询问价钱。营业员回答道:"每平方米24.8元。"顾客听后走了。整个过程恰好被营业主管看到,望着顾客远去的背影,主管对营业员说:"顾客问价时,你可以这样回答:'使您的卧室铺上地毯,只需1毛多钱。'"接着主管向带着疑惑神情的营业员解释道:"这样回答顾客有两个好处,一是利用顾客的好奇心吸引顾客的注意力,然后你就可以向顾客介绍产品;二是使顾客觉得价钱很便宜。"至于为什么"使卧室铺上地毯只需花1毛多钱",主管又解释道:"卧室有10平方米,每平方米地毯的价格是24.8元,但地毯可铺5年,每年365天,这样每天不就是花费1毛多钱吗?"

在这里,这位主管运用了一种简单的技巧——"用数字说话"。

在求职的时候,用数字说话也有其很好的作用。数字更具说服力,例如把"接管了一个问题成堆的地区,开发出新的客户服务项目及市场营销技巧",说成"接管了一个问题成堆的地区,开发出新的客户服务项目及市场营销技巧,并于两年内将市场占有率从48%提高至65%",你会发现后一种表达更具说服力。

为公司增加了利润和收益、节约了费用和时间、扩大了客户群、降低了员工流失率、提高了生产率、改进了产品质量、增加了公司知名度、削减了库存、建立及改进了工作流程等,这些事迹若用具体数字加以说明则更能展现业绩的卓著。同简单表示"提高了生产力"的应聘者相比,一个在"半年内将部门的工作业绩提高50%"的人无疑会更令人印象深刻。另外,"在一个有25名人员的部门担任经理"同"曾经担任过经理"相比,前一种陈述能更好地证明你的能力。

恰到好处的沉默比语言更有力量

沉默是语句中短暂的间隙，是超越语言力量的一种高超的传达方式。恰到好处的沉默往往能收到"此时无声胜有声"的效果。这个技巧实际上是引自美国联邦调查局盘问犯人时所用的心理学技巧。试想本来你是在滔滔不绝地讲话，忽然沉默了下来，必然会让对方产生摸不着头脑的不安。

当然，这个技巧并不适用于任何情况，但是，当对方注意力不集中，或对于那些经常表现出毫不在意的对手来说，确实是一种有效的说服心理技巧。

恰到好处的沉默可以起到强调的作用，懂得何时沉默可以清楚地表明谈话的重点。美国前总统林肯就善于运用沉默技巧。当林肯说到某项重点时，他往往会倾身向前，直接注视听众达一分钟之久。这种沉默高度集中了听众的注意力，甚至比怒吼更有力量。

适时地沉默，往往能收到千言万语所达不到的说服效果。沉默有鼓动对方开口的作用，并且可能使得对方吐露出有利于己方的信息。沉默会使人对你的观点产生信心，因而可能使对方让步。沉默很容易让对方想到最坏的方面，做最坏的打算。

某谈判专家代表他的朋友与保险公司交涉赔偿事宜。

理赔员首先发表了自己的意见："先生，我知道你是谈判专家，而且一向针对高额款项谈判。但是，这一回，我们恐怕无法答应你的要价，我们公司只能承受50万美元的赔偿，你觉得如何？"

谈判专家表情严肃地沉默着，一语不发。

理赔员见状有点沉不住气了，说："其实，要是你们的要求不是太过分的话，适当增加一点点也不是不可以的，上下有个5万美元的浮动也是允许的……"

又是沉默，良久，谈判专家说："不好意思，这个我们恐怕无法接受。"

理赔员继续说："好吧，一口价，70万美元，你看如何？"

谈判专家过了一会儿才说道："这个嘛，还是有点……"

理赔员显然有点慌了，他狠了狠心说："好吧，80万。"

谈判专家沉默了一会儿说："那好吧。"

就这样，谈判专家只是重复着他的沉默，最后，这件理赔案终于在80万美元的条件下达成协议，而他的朋友原本只希望能拿到55万美元！

不论是谈判，还是其他交流活动，说话的双方都在捕捉对方的反应，以随时调整自己原先的方案。此时，一方若是干脆不表明自己的态度，只用沉默和严肃的表情来作答，往往会使对方因摸不清己方的底细而自乱阵脚，并最终做出有利于己方的承诺。

第3章
提升说服掌控力的宝典

控制不了自己，怎么说服他人

心理学家认为，一个人如果想要说服别人，那么他必须先学会控制自己。我们必须在与人交流的过程中控制自己不受对方影响，在此基础上，再求以话语说服与掌控对方。

这里为大家介绍一种方法，心理学上叫作心境转移。先看下面一个故事：

有一个乐观的流浪汉，从不拜上帝，这令上帝很不开心，因为上帝觉得他的权威受到了挑战。流浪汉死后，上帝为了惩罚他，便把他关在很热的房间里，7天后，上帝去看望这位乐观的流浪汉，看见他非常开心。上帝便问："身处如此闷热的房间7天，难道你一点也不辛苦？"乐观的流浪汉说："待在这间房子里，我便想起在公园里晒太阳，当然十分开心啦！"（英国一年难得有好天气，一旦晴天，人们都喜欢去公园晒太阳。）上帝不开心，便把这位乐观的流浪汉关在一间寒冷的房间里。7天过去了，上帝看到这位乐观的流浪汉依然很开心，便问他："这次你为什么开心呢？"这位流浪汉回答说："待在这寒冷的房间，便让我联想起圣诞节快到了，这样就可以收很多圣诞礼物，能不开心吗？"上帝又不开心，便把他关在一间阴暗又潮湿的房间里。7天又过去了，流浪汉仍然很高兴，这时上帝有点困惑不解，便说："这次你能说出一个让我信服的理由，我便不为难你。"流浪汉说："我是一个足球迷，我喜欢的足球队很少有机会赢。但有一次赢了，当时就是这样的天气。所以每遇到这样的天气,我都会高兴,因为这会让我联想起我喜欢的足球队赢了。"上帝无话可说,给了这位流浪汉自由。

在不同的环境中,这位乐观的流浪汉总能找到快乐的事,即使他面临的是困境,也不会把注意力放到严苛的现实——"闷热的房间""寒冷的房间""阴暗又潮湿的房间"上,而是转移到与之相关的快乐方面——在公园里晒太阳、圣诞节、喜欢的足球队赢了。流浪汉所用的正是心境转移法,心境转移就是有意识地把自己的情绪转移到另一个方向上去,使情绪得以缓解。

在实施说服的过程中,如果对方企图通过故意中伤、侮辱、刺激等,来使我们的情绪受到不良的影响,我们一定不能中了对方的圈套,不能点火就着,更不能以牙还牙、言辞激烈地反驳他。我们可以暂时转移话题,讲一些可以令自己高兴的事情,以此来缓和情绪,直到情绪平稳时再反击对方一个措手不及,如此一来,对方自然会被我们的言语牢牢掌控了。

话不在多,有用才行

说服时,有时你说得越多,你这个人看起来就越是平淡无奇,你所能达到的说服效果也就越不好。如果你能把话说得隐晦一点,神秘一些,多给人留一点遐想,那么即使你是老调重弹,别人也会觉得你的见解独到。那些有权力的人总是说得很少,留给人的印象却很深刻,而且总是能威慑到别人。你的话说得越多,说出更多愚蠢的话的可能性也就越大。

提起"刘罗锅",人们脑海里立刻出现了一个聪明机智、正直勇敢、不失幽默的人物形象。"刘罗锅"刘墉靠着他的正直和聪明周旋于危机重重的封建官场,左右逢源、游刃有余。但刘墉也曾遭遇重大转折,受到乾隆皇帝的申斥,本该获授的大学士一职也旁落他人。究其原因,不过是刘墉守口不密、说话不周,酿成了祸患。

一次乾隆谈到一位老臣去留的问题,说若老臣要求退休回籍,乾隆也不忍心不答应。刘墉便将这话泄露给了老臣,而老臣真的面圣请辞。乾隆大为恼火,认为这是刘墉觊觎大学士一职的明证,是"谋官"的明证,因而将刘墉训斥一通,将大学士一职改授他人。

由此可见,言语谨慎对于一个人立身、处世具有很重要的意义。常言道,"病从口入,祸从口出"。处世戒多言,言多必失。同时,少说话不仅可以减少是非,减少祸患,还能让你在他人心中塑造出神秘而权威的形象。那些头脑清醒、能在关键场合发表几句关键性言语的人,往往能达到说服的良效。

在一场优秀作品的权威评奖会议上,所有人都在为自己这一年看过的好作品进行热情洋溢的赞美,他们不时地夸这部作品符合时代发展潮流、人物形象生动,夸那篇散文的作者运笔独到、选景天然,夸这位年轻作家激情四射、才华横溢、可传文化之衣钵。只见大家都为自己喜欢的作品据理力争、喋喋不休、唾液飞溅,且彼此不服气,眼看着这场评奖变成了菜市场的讨价还价,只有旁边的一位老者静静地坐在一旁,远离风暴的中心,一言不发。

这时,主持人大声地要求大家安静,"蜂鸣声"渐渐减弱,只见老者慢慢起身，说道："我们在这里评选本年度的优秀作品，需要有一个公道的标准，这样才能对得住每部参评的佳作。我只提一个想法，作品要对人类充满慈悲，也就是作品要能引起我们对人类的同情与热爱。相信在座的各位都是文化界的精英，一定会赞同这个观点，那么就请以绅士的风度为你们喜欢的作品投上一票吧。"大家听完老者简短的发言，都安静地思索了一会儿，然后在自己面前的投票卡上默默地写上了自己喜欢的作品。

古人云："山不在高，有仙则名。水不在深，有龙则灵。"而说服亦如此，话不在多，说在节骨眼上则有用。这节骨眼上的话，不仅能表达你的意思，还能发挥你内在的强大气场，从而辐射所有你的听众，俘获他们的心。

重要的事情说三遍

心理学家指出，在说服的过程中，对一点的反复强化、暗示、刺激，会使对方以此为基础，加深对你的印象。

一个人反复接受几次相同的刺激，这种刺激就会在意识中留下某种"痕迹"。但如果仅仅是单纯地"反复"，那么就犹如"米糠中钉钉"，不过徒劳一场。所以，要把这种暗示效果用于那些有先入之见的人时，必须考虑到对方是否是根据个人的经历，使自己的先入之见得到"强化"的。

这一点在广告宣传中最常用到，现在在电视台或楼宇电视上投放的广告都是重复的,有时在一天当中,你能听到很多次。这些广告也许是你讨厌的,但它们却进入了你的潜意识里,一旦你真的想要购买这类商品,它们便会及时跳出来,成为你的参考。例如,如果你经常听到"带有足球标志的书店""车站旁边的餐厅",等等,那么久而久之,你会不知不觉地对它们产生一种亲切感。

当对方一直秉持某种观念时,通过突出与对方的先入之见相反的事物给他加深印象会更有效。有一个拥有歌唱家梦想的年轻人去拜访一位作曲家,作曲家将他拒之门外。于是这个年轻人就每天都来作曲家门前,如此坚持了几个月,最后作曲家终于接待了他。这看起来似乎与说服无关,但是可以说这符合"通过重复加深印象"的道理。年轻人通过将自己例外化,用行动告诉作曲家"我与其他志愿者不同",由此打破了作曲家的先入之见。

这种通过重复来加深印象的说服之所以奏效,是因为它在给对方心理带来一种"暗示作用"的同时,还可以让对方建立一种对你有利的"新观念"。

美国语言学家说:同一个音节或文法结构的重复会给人带来强烈的感化力。例如,林肯最有名的语言是"来自人民的为人民的人民政府"。如果只是为了更简洁地表达意思,只说"人民的政府"就可以了,但是,林肯三次重复使用了"人民"这个词,所以给人们带来了深刻的感化力。

这种"重复一点的效果"在电影镜头中也可以常常看到。例如,认为自己算不上美人的女性在被男友多次称赞"你的眼睛真美"之后,她便开始觉得自己很漂亮,进而更加倾心于这位男友。这种强化实际上也就是前面所说的给对方植入并加深"新的观念"。

客观地讲,接收到相同的资讯,会让人形成一种它们确实很重要的错觉，因而潜意识地将它们在大脑中储存起来。通过这种方式，对方就能留下深刻的印象。因此，优秀的交际高手，都会不断地使用"反复性的暗示"。

"反复性的暗示"有两种不同的操作模式，一是重复相同的语句；二是换汤不换药，用不同的方式表达相同的观念。已故美国大政治家柏修安说："如果你自己还没有明了那个问题，你绝对无法令别人来明了那个问题。反之，你对那个问题越是认识清楚，你把那个问题传达到别人心里也越是容易。"第二句话，就是第一句话的重述。我们所讲的"反复性的暗示"也是一种重述性的"部分刺激"。当你说第二句话的时候，对方还没有功夫来细细地辨别一下你究竟是不是在重复，反而觉得这样一解释，就显得格外清楚了。

可见，要想让对方对你印象深刻，从而缓慢地说服对方，你就可以遵循这一原则：向他反复地暗示。

做一个富有魅力和威望的成功者

影响力表明了一种试图支配与统率他人的倾向，从而使一个人去采取各种说服方法，甚至是强迫的行动来影响他人的思想、情感或行为。无论是观点的陈述、障碍的扫除，还是矛盾的化解、风险的承担，具备该素质的人都会以实际行动推动其实现。因此，这类人往往是一个团队的引领者，是人际关系中的赢家。从说服力的角度来说，赢家都有一种无与伦比的影响力，仿佛他们是"老鼠群中的奶酪"，让追随者趋之若鹜。说服，从某种意义上讲，即施与影响。

拿破仑发动百日政变，不费一枪一弹夺回了法国。这在旁人看来是不可思议的事情，可拿破仑却做到了，原因就在于法国士兵们被他说服了，他在士兵中享有崇高的威望，士兵们心甘情愿听他的号令，可以说拿破仑就是众多士兵渴望的"奶酪"。实际上，一个富有魅力和威望的成功者，会自然成为一群人的核心与灵魂，人们会不自觉地团结在其周围。

影响力在很大程度上取决于自身的良好素质，其中包括资历、业务水平、品格、知识、才能和情感等诸多方面。如果是领导者，尤其要注重提升自己的无形影响力。

帕尔梅首相在瑞典是十分受人尊敬的领导人。他虽贵为政府首相，但仍住在平民公寓里，生活简朴、平易近人，与平民百姓毫无二致。帕尔梅的信条是："我是人民的一员。"

帕尔梅从家到首相府，每天都坚持步行，在这一刻钟左右的时间里，他不时同路上的行人打招呼，有时甚至与同路人闲聊几句。帕尔梅一家经常到法罗岛去度假，他和那里的居民也建立了密切的联系，那里的人都将他看作朋友。

帕尔梅喜欢独自微服私访，去学校、商店、厂矿等地，找学生、店员、工人谈话，了解情况，听取意见。他从没有首相的架子，谈吐文雅、态度诚恳，也从不搞前呼后拥的威严场面。

帕尔梅同许多普通人通过信件建立了友谊。他在位时平均每年收到15万多封来信；其中三分之一来自国外，为此他专门雇用了4名工作人员及时拆阅、处理和答复，做到来信皆阅，来信均复。对于助手起草的回信，他要亲自过目，然后才能签发。这一切都使他的形象在人民心目中日益高大。在瑞典人民的心目中，帕尔梅是首相，又是平民；是领导人，又是兄弟、朋友，他是人们心目中的偶像。

帕尔梅首相显然是得到了人心，但他用了什么高明的攻心术了吗？没有。他只是和同行的人闲聊，只是利用微服私访的时间与各阶层的人不断地谈心。说服力本身并不只是一场口才的豪华盛宴，它的本质更偏向于用气场去赢得人心。而攻心的气场正如一把万能钥匙，可无声地打开他人的心扉，让无数人追随你的脚步。

人与人的交往，常常是影响力之间的较量。不是你影响他，就是他影响你，只有影响力大的人才有可能成为强者，才有可能成功。在任何一个团体中，总会有某一个人来充当核心的角色，他的言行能够被团体认可，并指引着团体的某一些决策和行动。假如一个人知识超群、经验丰富、能力突出，或者关心下属、处事民主、实事求是、令人佩服，那么他在周围的人群中就有一种实际上的影响力和支配力，人们都心甘情愿地跟随和听从他，就像帕尔梅首相。因此，塑造个人影响力并通过个人影响力而让自己成为赢家，是成功者必须修炼的课程之一。

要想成为赢家，让自己成为老鼠群中的奶酪，可以从以下两点入手：

1. 修德

德是为政之本。人们会从内心里拥护具有高尚品德的人，自觉地跟他走。"德不孤，必有邻""道德不厚者，不可以使民"，这些论述都在启发着人们，成功者的威信来源于高尚的品德。日本的经营之神、著名企业家松下幸之助说过，一位经营者，不需要是万能的，但要是一位品格高尚的人，因为后者往往更能吸引人才。

2. 品质

一个品质优秀的人，其人格魅力像磁石，会使他人聚集在周围，团结一心，这样的人具有令人尊敬、受人爱戴的凝聚力。他们大多具有以下几个特点：

（1）有欲望。卓越者有明确的目标，他们的目标能引导人们去追随他们。他们是主动性很强的人,总在尽力获得成功。

（2）有责任感。领袖从来不怕承担义务并永远不推卸所负的任何责任。在困难来临时,不惧艰险,冲在前头,为战胜困难做出表率,带领全体员工战胜困难。

（3）有工作能力。优秀者的综合素质越高、知识越丰富、能力越强,就越会受到大多数人的尊重和信赖。

（4）有良好的人际关系。成功者善于保持和大多数人的良好关系,更善于分析他们的需求并努力去解决他们的问题。当然,良好的人际关系有别于"滥好人"。

（5）有富于感染力的激情。没有人愿意追随一个枯燥的、死气沉沉的人。

第一印象究竟有多重要？

这是一个几秒钟就能决定一个人命运的时代,这几秒钟你给人的第一印象决定了你接下来说的话是否能被别人接受,毕竟人都是爱屋及乌的动物,因此在用语言掌控别人之前,我们必须先了解一点,那就是:"你说话的对象喜欢你吗？"这个问题看起来好像与掌控关系不大,但事实上,它却是掌控对方的关键,虽然不是全部,但在语言交流的开始是十分关键的。

心理学家认为,一个人要想使自己的话具有说服力,并且不断增强这种说服力,首先就应该给对方留下良好的个人印象。你留给对方的个人印象跟你所传达的信息是同等重要的。只要你一走进房间,人们就会根据你看他们的方式和你握手的方式给你打第一印象分。你的心思是否放在他们身上了？当你进入某个会场的时候，你的心思是否已经到了这里？这些问题，他们看到你的第一眼就可以得出结论。也就是说，你留给对方的第一印象决定了他们是否想留在你身边听你说话。

在生活中，如果有非常重要的事情需要某人的帮助，你一定要提前做一些准备，例如你应该提前确认一下，他的身边是否有一些可以帮你说好话的支持者。或者，你的言行举止能否让对方想起某个有好感的人，这样的话，你就已经成功了一半。当然，有时你的言行举止也可能让对方想到了一个很讨厌的人，遇到这种情况你也不必过于担心，我们要设法挽回自己在对方心目中的形象。

怎么做呢？那就是让自己显得更加和颜悦色一些。比如，在对方见到你或者开口与你交流时，你可以观察对方的反应，然后设法调整自己的讲话方式，设法跟对方产生某种化学反应。一定要注意对方的讲话方式，他更喜欢用语言还是视觉形象，或者有什么其他爱好。一定要留意他的谈话模式和他喜欢用的字眼，然后有意识地模仿他。当一个人感觉你跟他本人的某些地方很像时，就会更容易听进你的话，从而站到你这一边。

另外，一定要保持积极的心态，千万不要在意对方言语中的负面因素或语调。就算是在告诉对方一条坏消息，也要设法给对方一种正面的感觉。比如对方问你："听说如今你跟你妻子在办理离婚手续，这难道不会影响到你的工作情绪吗？"你可以这么回答："我能力有限，一直受到前辈您的指点，您是知道的。多年来，我从不将私人问题带到工作中来，这一点相信您也是知道的。"这样你就可以对整个谈话保持一定的主动权，不会被对方抛来的问题打击，对方也会被你公私分明的态度和临阵不乱的气度折服，从而增加对你的信任度。总之，保持积极的心态，关键点就在于凡事都从正面去考虑。

俗话说，功夫在诗外。与人沟通也是一样，高明的说话者会调动有利于自己的一切手段，包括形象、身体语言、语气、心态等等来说服对方，达成自己的目的。

说服语言拒绝"被动形式"

现实生活中，如果我们说服他人的语言技巧不好的话，很可能一切都无从谈起。因为，不论一个策划书多么完美，如果报告人笨口拙舌地说"嗯，那个……"，这个策划书肯定通不过。所以说，具有娴熟的说服技巧的人才更容易成功，因为这样的人容易得到上司的认可。只要我们深入思考一下就会发现，一个人事业能否成功和是否掌握了良好的说服技巧密切相关。

从商业的角度看，说服语言上最重要的原则就是"不要有任何的被动形式"，这也是来自心理学的建议。所谓被动形式就是"被……""让……"这样的表达方式。

例如"这个键要是被按下的话，内容就被删除了""这种样本被70％的年轻人喜欢"，这种语言表达方式就是被动形式。如果把这两句话换为主动形式的话，应该是"如果您想删除内容的话，请按这个键""70％的年轻人喜欢这个样本"。

如果你想提高语言技巧，语言中就不要有任何的被动形式，一定要使用主动形式。为什么呢？语言心理学已经证明了使用被动形式会降低说服者的说服力。主动形式和被动形式也许只有一点差别，但是它们对听众心理产生的影响的差异却是巨大的。

被动形式的语言会给听众一种缺乏积极性的印象。"被动"这个词本身就具有消极意义。如果别人说你"性格很被动",你一定要明白这可不是什么表扬的话。你如果在谈话中老是用被动形式的语言,很容易给对方留下说话拐弯抹角、没有自信、性格很软弱的印象。

一个人语言上的习惯很难改变,因为它存在于我们的潜意识中。因此,建议大家找机会把自己说的话录下来,然后再认真分析一下。

如果我们经常语出被动,就很容易使自己处于被动状态,这时再想扭转就难了,只能受制于对方。所以,在说服的过程中应该尽量运用一些便于占据主动的词语和句式,从而变受制于人为制于人的地位。

如果你想为自己的语言增加气势,使自己的语言更有力,只要去掉被动形式即可。这样既能展现出你是一个非常积极的人,又能让你的话充满说服力。

第4章
说服高手骨子里都是逻辑大师

巧设陷阱，让对方多说"是"

在说服过程中，可以先巧设陷阱，让对方在没有防备的情况下，诱其说"是"。对方在不知不觉中会一步步坠入圈套。这时候你就牵住了他的"牛鼻子"，让对方不得不跟着你走。

诱使对方说"是"的方法是，开头切勿涉及有争议的观点，而应顺应对方的思路强调彼此有共同语言，从对方的角度提出问题，诱使对方承认你的立场，让对方连连说"是"，与此同时，一定要避免对方说"不"。

一个人的思维是有惯性的，当你朝某一个方向思考问题时，你就会倾向于一直考虑下去，这就是为什么有些人一旦沉醉于某些消极的想法之后，就一直难以自拔的道理。在人际交往中我们应懂得并运用这一原理。与人讨论某一问题时，不要一开始就将双方的分歧亮出来，而应先讨论一些你们具有共识的东西，让对方不断说"是"，渐渐地，你开始提出你们存在的分歧，这时对方也会习惯性地说"是"，一旦他发现之后，可能已经晚了，只好继续说下去。

"是"的反应其实是一种很简单的技巧，却为大多数人所忽略。懂得说话技巧的人，会在一开始就得到许多"是"的答复，这可以引导对方进入肯定的方向。否则就像撞球一样，原先你打的是一个方向，只要稍有偏差，等球碰回来的时候，就完全与你期待的方向相反了。

促使对方说"是"的方法很多，但目的都是要以最简单的方式使对方说"是"。当你与别人交谈的时候，不要先讨论你不同意的事，要先强调，而且不停地强调你所同意的事。因为你们都在为同一结论而努力，所以你们的相异之处只在方法，而不是目的。让对方在一开始就说"是，是的"，假如可能的话，最好让对方没有机会说"不"。

很多人先在内心制造出否定的情况，却又要求对方说"好"，表现出肯定的态度，这样做是不可能让对方点头的。假如你要使对方说"好"，最好的方法是制造出他可以说"好"的气氛，然后慢慢诱导他，让他相信你的话，他就会像是被催眠般地说出"好"。

换句话说，你不要制造出他可以表示否定的机会，一定要创造出他会说"好"的肯定气氛出来。当你向别人发问，你可以连续不断地追问下去，最后使对方不得不说"好"。这是制造肯定气氛最高明的技术，也是让对方点头的第一种妙方。

譬如当你看到某种东西，你先连续问对方五六次："它的颜色很漂亮吧？""它的手工很精细吧？""它的造型很完美吧？""它的……"让对方答出一连串的"是"之后，你再问他原先你想获得他肯定回答的问题，那他一定会说"是"。因为在此之前，他已被你催眠似的说"是"，很自然地，在回答你这关键问题时，他也会说"是"。

所以，要使对方回答"是"，问问题的方式是非常重要的。什么样的发问方式比较容易得到肯定的回答呢？当然是你的问题已经暗示了你所想要得到的答案，这就是使对方点头的第二种妙方。

譬如当你在说服别人购买你的商品时，不应该问顾客喜不喜欢、是否想买。你应该问他："你一定喜欢，是吧？""你一定很想买，是吧？"你必须用"这颜色很漂亮吧？"来代替"这颜色很漂亮吗？"因为，你问他："颜色漂亮吗？"他可以回答："不漂亮。"可是，你问他："颜色很漂亮吧？"他就不得不回答："很漂亮。"

电影里那些老谋深算的律师，在法庭为被告辩护时，也是一步一步诱导原告说出对被告最有利的情况的。

第三种使对方点头或说出肯定答案的妙方是，当你向对方发问而他还没有回答之前，自己要先点头。你一边发问一边点头，可以诱导他更快点头。因为你的行动和态度会诱导对方的行动和态度，所以只要善用此原理，就会更快地得到对方肯定的答案。

刚柔并济，软硬兼施

暴力与怀柔，两者分开来用人人都可以将其发挥到极致，然而这样做效果往往不是很好，若将两者结合起来，双管齐下，则威力无穷，这就是"1+1>2"的效果。

张嘉言驻守广州时，沿海一带设有总兵、参将等官职。总兵、参将部下各有数千名士兵，每天的军粮都要平均分为两份。

参将的士兵每年汛期都要出海巡逻，而总兵所管辖的士兵都借口驻守海防，从来不远行。每过三五年要修船不出海时，参将部下的士兵只发给军粮的一半，如果没有船修又不出海，就要每天再减去军粮的三分之一，以贮存起来待修船时再用。只有总兵的部下军粮一点也不减，修船时另外再从民间筹集经费。这种做法已沿袭很久，彼此都视为理所当然。

不料，有一天，巡按将此事报告了军门，请求以后将总兵部下的军粮减少一些，留待准备修船时再用。恰巧，这位军门和总兵之间有矛盾，于是就仓促同意削减军粮。

总兵手下的官兵听到消息后，十分不满。他们知道张嘉言在朝廷中很有威信，就径直围逼到张嘉言的大堂之下。

张嘉言神色自若，命令手下人传五六个知情者到场，说明事情真相。士兵们蜂拥而上，张嘉言当即将他们喝下堂去，说："人多嘴杂，一片吵闹声，我怎么能听清你们说些什么？"士兵们这才退下。当时正下大雨，士兵们的衣服都淋湿了，张嘉言也不顾惜，只是叫这几个知情者将情况详细说明。

这几个人你一言我一语，都说过去从来没有扣减总兵的官兵的军粮的先例。张嘉言说："这件事我也听说了。你们全都不出海巡逻，这也难怪朝廷削减你们的军粮了。你们要想不减也可以，不过那对你们并没有什么好处。朝廷从今以后会让你们和参将的士兵一样每年轮换出海巡逻，而且修船不出海时，你们也会同他们一样，军粮被减掉一半，你们费尽心机想争取的东西还是拿不到。既然是这样，你们为什么不听从朝廷的安排，将军粮稍微减少一点呢？那样你们照样还可以做你们总兵的士兵，你们再认真考虑一下吧！"

这几个人低着头，一时无法对答，只是一个劲地说："求老爷转告朝廷，多多宽大体恤。"

张嘉言问："你们叫什么名字？"

他们面面相觑不敢回答。

张嘉言顿时骂道："你们不说姓名，如果朝廷问我，'谁禀告你的？'让我怎么回答！"

这几个人只好报了自己的姓名，张嘉言一一记下，然后对他们说："你们回去转告各位士兵，这件事我自有处置，劝他们不要闹了。否则，你们几个人的姓名都在我这儿，朝廷一定会将你们全部斩首。"

这几个人顿时吓得面容失色，连连点头称是，退了出去。后来，总兵部下的士兵每日被扣军粮银一钱，士兵们再也没有闹事的了。张嘉言的这招恩威并施堪称经典。

在说服他人的过程中，采用刚柔相济的劝诫之术，一方面能使别人体面地"退"，另一方面又能坚持自己的原则，使自己的主张得到采纳，这种方法使许多事情的处理都有了余地。

软硬兼施的方法还可以通过两人合作逼人就范的形式来实施，比如警界的审讯。罪犯首先由攻击型的警员来审问，警员要以凌厉的攻势摧毁对方的意志，向他说明他的罪证确凿、他的同伙都招供了等等，把他逼到进退两难的边缘。接受了这样的审讯后，有的罪犯会屈服，而顽固的罪犯则会死不认罪。

这种情况下，就要换另一位温和型的警员审问他。警员完全站到罪犯的立场上，真心地安慰他、鼓励他："你的兄长们都希望你得到宽大处理，希望你为他们考虑。"对这种软招，罪犯往往会自惭形秽，坦白自己的一切犯罪行为。

这种手法是一种奇异的心理法则，又称"缓解交代法"。由急特征与缓特征的两个人合作，一方首先把对方逼到心理的死胡同里去，令他一筹莫展。这时另一个人出来指点给他一条逃避的暗道。这种情况下的对方会自然地奔向那条可以脱身的暗道，从而说出实情来。

开门见山，说到对方不好意思拒绝

谈话是一门艺术，对一些执迷不悟、麻木不仁者，可以一针见血指出其错误。

有一位中学生,自以为看破红尘,认为世人都是虚伪的,并多次在作文与言行中流露出出走的想法。有一次不顾大家的劝阻,他真的出走了。班主任知道后,立即骑车追寻,好不容易找到了他。回校后,班主任针对这位学生存在的糊涂认识,一针见血地指出其错误:"你认为人与人之间不存在真情,可是,你临走时给我写信,这说明你对老师的爱是真实的;你信中说要我多送几个同学升学,这也说明你对同学们的爱是真实的;你对父母、姐姐的爱也是真实的。在你身上存在着这么多真实的成分,难道别人就会是虚伪的吗?"

老师的话字字如针,扎在他心中,引起他强烈的震动,他羞愧地垂下了头。

理不说不明,纸不捅不破。很多话不说破说透,执迷不悟的人只会积久成疾。而捅破窗户纸,却可能有阴云消散的一天。

《红楼梦》中,凤姐使用"调包计",诱骗贾宝玉与薛宝钗成婚。婚后,宝玉对林黛玉朝思暮想,以致病势日见加重。贾母等为了不刺激贾宝玉,不敢对他言明黛玉已死的事实。薛宝钗冷眼旁观,知宝玉之病因黛玉而起,欲使其好转,也必应以黛玉为契机。所以在一次他们两人谈话提及黛玉时,宝钗果断地告诉宝玉:"林妹妹已经亡故了。"宝玉听到后,痛不欲生。但大痛过后,想到人死再不能复生,也就无可奈何了,就这样心中多日郁结的思恋,被宝钗猛一点破,身体竟也慢慢地好了。

宝钗的这一做法,确实比贾母等高明多了。实际上,窗户纸不捅破,有的人便心存侥幸。遇到此种情况，何不学学薛宝钗，令其一时痛苦，以免日后烦恼，从而能够真正面对现实，重新振作起来？

在很多商业场合中，如果不及时抓住机会，把意图直截了当地表达给对方知道，往往会错过很好的合作项目。只要抓住机会，开门见山要求客户下订单，成功就不会像人们想象的那么艰难。

一家小公司的业务工作局面刚刚打开，有一天，它的总经理终于约见了几个月来就想拜见的一家大公司的总裁以及好几位副总裁，希望为这家大公司生产配套产品。整个会谈进行得十分顺利，但是大公司的人到了最后的关头却沉默了。

错过这个机会，再和他们坐在一起就会非常难。于是，小公司的总经理直截了当地向大公司的总决策人提出了自己的想法："我们刚才非常荣幸地向各位介绍了本公司能为贵公司提供的配套服务，对于双方今后的合作计划、前景也得到了各位一致的赞同，这项合作计划对我们双方都将是有利可图的。但是我们一离开这个房间，这项业务就可能因为对贵公司的大业务来说算不上什么而被搁置一旁。我们公司为这个非常重要的业务已经等待了四个月的时间，既然我们都认为这是一个可行的合作项目，何不趁总裁先生和几位副总裁在场就把合作协议签了，为我们的初次合作画上一个完满的句号呢？希望能原谅我的冒昧请求。"

那位大公司的总裁先生从沙发上站了起来，握住了小公司总经理的手，说了一声："好！"

于是，合作协议就这样签了。当小公司的总经理回到公司把结果告诉同事们，他们都感到非常惊奇而且难以置信。

这就叫"该出手时就出手"，时机成熟，就千万不要再扭捏作态、含蓄退缩，很多说服工作都是水到渠成的，关键在于结尾处，务必干脆利落，开门见山地亮出自己的观点。

"转换角度"，用对方的立场说服

富兰克林在自传中有这样一段话："我在约束自己言行的时候，在使我日趋成熟、日趋合乎情理的时候，我曾经有一张言行约束检查表。当初那张表上只列着十二项美德，后来，有一位朋友告诉我，我有些骄傲，这种骄傲经常在谈话中表现出来，使人觉得盛气凌人。于是，我立刻注意到这位友人给我的忠告，并且相信这样足以影响我的发展前途。随后我在表上特别列上虚心一项，以专门注意我所说的话。现在，我竭力避免一切直接触犯或伤害别人情感的话，甚至禁止使用一切确定的词句，如'当然''一定'等，而用'也许''我想'等来代替。"

深圳电车模范售票员王苹不但具有全心全意为乘客服务的热情，而且还有暖人肺腑的语言。口才，使她说的话深深打动乘客的心，使她在平凡的工作岗位上创造了不平凡的业绩。她是怎样工作的呢？有一天，车上的乘客很多，而这时又上来了一位抱小孩的妇女。于是王苹同往常一样对乘客们说："哪位同志给这位抱小孩的女同志让个座儿？"但她连讲两次，无人响应。王苹没有着急，缓缓地站了起来，用期待的眼光看了看靠窗口的几位小伙子，提高了嗓音："抱小孩的那位女同志，请您往里走，靠窗口坐的几位小伙子都想给您让座儿，可就是没有看见您。"话音刚落，"呼啦"一声，几位小伙子不约而同地站了起来让座。

这位女同志坐下以后，光顾喘气定神，忘记向让座的小伙子道谢，小伙子面露不悦的神色。王苹看在眼里，心中明白，她忙中偷闲，逗着小孩子说："小朋友，叔叔给你让了座儿，你还不谢谢叔叔？"一语提醒那位妇女，她连忙拍着孩子说："快谢谢叔叔，快谢谢叔叔。"那小伙子听到"谢谢叔叔"时，连声说："不客气。"

王苹的几句话为什么产生这么大的魔力？因为她了解人们的自尊心。只有充分了解人们的自尊心，才能把话说到人家的心窝里。美国著名的哲学家詹姆斯曾经说过："人类天性的至深本质就是渴求为人所重视。"从某种意义来说，人类正是凭着寻求自尊的激情，才造就了古往今来的千千万万的丰功伟绩，从古老的长城，到现代的宇宙飞船。

我们在说服他人时，要想收到掌控主动权的效果，就要理解人们的合理需要，爱护人们的自尊心。要做到这些，我们在谈话的时候就要经常注意"转换角度"，即善于"站到对方的立场上，从对方的观点来观察问题，如同用你的观点一样"。

某剧场门前不许卖瓜子、花生之类的小食品，怕的是污染环境，影响市容。唯有一位年近六旬的老太太例外。用剧场管理员的话说就是："这老太太年岁大，嘴皮尖，人家叫她铁嘴，不好对付，只好睁只眼闭只眼。"

某日，市里要检查卫生，剧场管理员小王要老太太回避一下，说："老太太，快把摊子挪走，今天这里不许卖东西。"

"往天许卖，今天又不许卖，世道又变了吗？"

"世道没有变，检查团要来了。"

"检查团来了就不许卖东西？检查团来了还许不许吃饭？"

"检查团来了,地皮不干净要罚款的。"小王加重了语气。

"地皮不干净关我屁事?他肥肉吃多了拉稀屎,能去罚卖肉的款吗?"小王无言以对,悻悻而退。

管理自行车的刘师傅随后走了过来,说道:"老嫂子,你这么一把年纪,没早没晚的,又能挣几个钱呢?检查团来了,真要罚你一笔,你还能打场官司不成?再说,检查团不会天天来,饭可是要天天吃,生意可是要天天做呢。"

"好,我走,我走。"老太太边说边笑地把摊子挪走了。

本例中,两种劝阻方式,一个失败了,另一个却成功了,这其中很有学问。管理员小王之所以劝阻不成反自讨没趣,就因为他只是一味地讲抽象的大道理,却没有站在老太太的角度上耐心地帮助她分析利弊。而刘师傅就懂得这一点,他从老太太的切身利益出发,向她指出了只考虑眼前的小利而不顾长远利益的不良后果,使她真正认识到了自己固执行为的不明智,于是心服口服地接受了规劝。

旁敲侧击,说服也需要"绕圈子"

西方人有个习俗:男子戴帽,入室必摘下。而女士戴大檐帽,在室内可以不摘。

一家电影院常有戴帽的女观众,坐在她们后排的人,十分反感,便向经理建议,请其发布禁令。

经理不以为然,说:"公开发布禁令不妥,只有提倡戴帽才行。"

提建议者听罢大失所望。

第二天，影片放映前，银幕上果然打出一则启事："本院为了照顾衰老高龄的女客，允许她们照常戴帽，不必摘下。"

启事一出，所有戴帽者"唰"一下全都摘下帽子，无一例外。因为西方人忌讳别人说自己老，尤其是女性。

可见，说服他人做什么事可以根本不用面对面提出你的意愿，也不用说得直白无误，采用一种旁敲侧击的方法有时候更奏效。

公元前636年，在外流亡19年的晋公子重耳，在秦穆公的帮助支持下，就要回国了。渡河之际，壶叔把他们流亡时的旧席破帷仍然当宝贝似的搬上船，一件也不舍得丢掉。重耳一看，哈哈大笑，说自己就要回国为王了，还要这些破烂干什么！他命令全部抛弃这些东西，狐偃对重耳这种未得富贵先忘贫贱的言行非常反感，担心以后重耳会像抛弃这些破烂一样，把他们这些陪伴他长期流亡的旧臣也统统抛弃。

于是，他当即向重耳表示，他愿意继续留在秦国，因为在外奔波了19年，自己现在心力交瘁，身体也像重耳丢弃的旧席破帷一样无法再用，回去也没有什么价值了。

重耳一听便明白了狐偃的意思，马上做了自我批评，并让壶叔把东西一一捡回，表示返回国后，一定不会忘掉狐偃的功劳和苦劳，同心共政，治理晋国。

在对别人进行劝服时，如果由于种种原因而不能直截了当地点出对方的错误，则要旁敲侧击，以事物启发人，这样会更易为对方所接受。我们的古人明白这个道理，有的外国人也把这一方法运用得出神入化。

著名的出版业巨人哈斯特是从创办一份小型报纸起家的，经过几年的奋斗，他拥有了23家报纸和12种杂志。一次，这位杰出的人物遇到了一件令人烦恼的事情：著名的漫画家纳斯特为他绘制了一幅令他大失所望的漫画。

哈斯特觉得这样子可不行，一定要想办法让纳斯特重画一张令人满意的漫画。可是怎样才能让那位著名的漫画家重画一张杰出的作品呢？还有一个问题就是，那幅失败的作品会因此而报废，他一定会有受挫感的，怎样才能让他愉快地重画呢？

当天晚上，大家一起共进晚餐的时候，哈斯特着重对那幅失败的作品好好地赞赏了一番。后来他说："本地的电车时常让小孩子不慎伤亡，有的时候，驾驶电车的司机看上去简直不像活人，倒像个死人。照我看来，那些人好像只是瞪目结舌地看着孩子们在街上玩耍，却毫无顾忌地冲上前去。"这时，纳斯特激动地一跃而起，惊奇地说道："老天！哈斯特先生，这个场景足以画出一张让人震撼的图画来啊！你把我那张画作废吧，我给你重新画一张更出色的。"就这样，纳斯特异常激动地待在旅馆里，连夜赶制了一幅异常深刻的漫画，第二天就送给了哈斯特。

精明的哈斯特诱使纳斯特主动提出将自己的画作废，并自愿加班赶制一幅新的漫画，这是哈斯特利用暗示来将看似突发奇想的灵感不着痕迹地移植到了纳斯特的心里，以至纳斯特兴致勃勃地完成了一幅新的杰作。

对存在抵触情绪的人进行正面说服，虽然能够表达说服者的诚心，却不能达到解除对方抵触的目的，而如果在形式上加以改变，却能达到正面说服所不能达到的效果。大家在与人交流的过程中可以适当地运用这种方法。

提出挑战，自我面对说服法

松下电器的创始人松下幸之助在批评下属这一方面是很出名的。他批评下属有一个特点，他会边批评边讲出自己的道理，让下属直接面对自己的错误，虽然挨了批评，却都心服口服。

电池厂要盖成品仓库，由于松下幸之助的坚持，公司决定采用木结构。井植熏把设计任务交给有近，有近说："我是学电子的。"井植熏说："我是做操作工的，现在不是在做厂长吗？"

有近经过计算，说需增加四根柱子才能达到安全系数，其他的就没有多做考虑。仓库落成那天，松下幸之助见中间竖有四根柱子，大为不满，先把井植熏批评了一通，然后又把有近叫了进去训斥了整整九个小时，从下午三点，到深夜十二点，连晚饭都没吃。

刚开始有近的心里不服，可到后来，有近终于明白了松下幸之助的意思：他因为不知道要立柱子，所以才坚持使用木结构的，而有近明知要立柱子却不敢坚持使用钢筋结构。井植熏自己不懂，才找有近来帮忙，而有近明知不好，仍按照领导的意思设计，这才是让松下幸之助恼火的原因。

正是这种以理服人、使下属自我面对错误的行为让松下幸之助建立起自己独特的影响力，这种影响力也给松下幸之助的下属们洗了脑，让他们心服口服地跟随松下幸之助。

对有些人，当我们靠批评惩罚，或者表扬等手段，都说服不了的时候,我们可以考虑这样一种策略——给他们提出一种挑战,然后让他们自我面对,这也许比我们手拿鞭子紧随其后的效果要好得多。因为他们更清楚自己眼下的处境,更明白自己应该怎么去做。

有一次,查尔斯·史考伯到下面一家工厂去,工厂经理来反映他的员工一直无法完成他们分内的工作。

他说:"我向那些人说尽好话,我又发誓又诅咒,我也曾威胁要开除他们,但一点用也没有,还是无法达到预期的生产效率。"

当时日班已经结束,夜班正要开始。史考伯要了一根粉笔,然后,他问最靠近他的一名工人:"你们这班今天制造了几部暖气机?""6部。"史考伯不说一句话,在地板上用粉笔写下一个大大的阿拉伯数字6,然后走开。

夜班工人进来时,他们看到了那个"6"字,就问这是什么意思。

"大老板今天到这儿来了,"那位日班工人说,"他问我们制造了几部暖气机,我们说6部,他就把它写在地板上了。"

第二天早上,史考伯又来到工厂。夜班工人已把"6"擦掉,写上了一个大大的"7"。

日班工人早上来上班时,看到了那个很大的"7"字。夜班工人认为他们比日班工人强,是吗?好吧,日班工人要向夜班工人还以颜色。他们加紧工作,那晚他们下班时,留下一个颇具威胁性的"10"字。情况显然逐渐好转。

不久,这家产量一直落后的工厂,终于比其他工厂生产得更多。

足见,史考伯将"向对方适当提出挑战"的策略运用得如此恰到好处。挑战是任何成功者都喜爱的一种竞技,一种表现自己的机会;挑战是证明自身价值、争强斗胜的机会。每个成功的人都喜爱竞争和自我表现的机会，以证明他自己的价值。

如果你要使有勇气的人接受你的想法，就请记住这个说服的重要原则：提出挑战、自我面对。

第5章
说服是技术，也是艺术

你的"气"质与说服力

心理学家研究发现,人与人之间的交流58%靠视觉,35%靠听觉,只有7%靠的是我们实际的语言。35%的听觉交流是通过语言的表达来实现的,它包括音质、音频、语调、语气、停顿等,这些被称为副语言。在电话交流中,声音的影响占交流效果的90%。

1938年,奥森·威尔斯根据乔治·威尔斯的小说《世界大战》改编的广播剧轰动了整个美国。虽然做出了公开声明,说这并不是一个真实的事件,仅仅是一个戏剧描写而已,但是由于电台的覆盖面像新闻报纸那样广泛,再辅之以奥森·威尔斯那令人深刻的印象、使人心情激动的声音,美国人都着了迷,对广播剧中火星人的入侵深信不疑。

为什么我们容易信任那些优秀的新闻播音员呢?其中主要原因应该归功于他们声调优美、低沉悦耳、松弛自然的嗓音。他们可灵活地驾驭语气语调,使听众不会轻易转移注意力。

相同的词语配上不同的声和气,时常会产生不同的意思。我们若选用适当的声和气,不仅可以恰当地表达我们的说服本意,还能大大增强语言的感染力和吸引力。另外,某一种声和气所表达出的特定意思,往往是在人们长期的使用过程中逐渐形成的。

以"你这讨厌鬼"为例:高声地说,它能增强示意听者去采取某种行为的效果;粗声粗气地说,它能增强反感、抱怨、指责的效果;恶声恶气地说，能增强怒斥、憎恨、警告的效果；阴声阴气地说，能增强诅咒的效果；柔声细气地说，能增强亲昵的效果；用嗲声嗲气说，它能增强打情骂俏或假骂真爱的效果，等等。

若想成为一个具有极强说服力与感染力的人，你就一定要熟练掌握驾驭语气的能力，要善于运用合适的语气来表达复杂的内容和不同的思想感情。当然，有些注意事项也不可忽略。

1. 要注意谈话场合

一般而言，场面较隆重的地方要注意适当提高声音，放慢语速，以突出重点。反之，小场合则要注意适当降低声音，加大词语密度，追求自然效果。

2. 要注意谈话的对象

和谁说决定了我们说什么，用什么语气。例如在和长辈说话时，要用尊敬的语气，要谦卑而有礼；与晚辈说话时，要用温暖的语气，让其如沐春风；在与平辈说话时，要用轻松幽默的语气，以缩短彼此的心理距离。

3. 学会用语气影响听众的情绪

语气能够影响被说服者的情绪和精神状态。例如，充满欢喜的语气能让对方瞬间喜悦；愤怒的语气则会引发对方的愤怒之意；埋怨的语气会使对方心生不满、牢骚满腹；生硬的语气会使对方有不悦之感，等等。

总之，只有会使用丰富而贴切的语气，才能使我们的语言更加生动、更富有感染力，从而使我们的说服顺利进行。

运用语调增强感染力

在口语交际中,语调也能传递出很多信息,它能反映出一个人说话时的内心世界,以及他的情感和态度。语调是指说话的腔调,它是由节奏的快慢起伏、音调的抑扬顿挫、语速的快慢缓急、音量的轻重强弱等组合而成的。用不同的语调表达不同的意义是人类的本领,正如一位语言大师所说:"语调是语言的最高级、最有说服力的一种形式。"

运用好语调可以传达出丰富的情感,增强表达的艺术效果。用一个例子入手:

有一次,意大利著名悲剧影星罗西应邀参加了一场欢迎外宾的宴会。席间,许多客人要求他表演一段悲剧,于是他用意大利语念了一段"台词"。尽管外国客人听不懂他的"台词"内容,但他那动情的声调和表情,使人不由留下同情的泪水。可意大利人却忍俊不禁,跑到厅外大笑不止,原来这位悲剧影星念的根本不是什么台词,而是宴席桌上的菜单。

一个说话感染力强的人,必定具有熟练控制语调的能力。运用恰当的语调来表达复杂的内容和不同的思想感情,是任何一个想提高说话水平的人都应该掌握的基本功。"文似观山不喜平",说话也是这样。语速的快慢应根据交际场合和个人表情达意的需要而选择。在需要快说时,语速流畅不急促,使人听得明白;需要慢说时,语速和缓不拖沓,要声声入耳。语速快慢有节才能使语言富于节奏感。

那么,怎么才能使言语表达生动有趣呢?

首先,要控制说话的轻重快慢。人们说话都有轻重快慢之分,需要强调的内容说得重些，平淡的内容说得轻些。说话轻重适宜，能使语义分明。声音层次丰富，语气生动活泼，语音信息中心就会突出，说得太轻容易使听者减少兴趣；说得太重也容易给听者突兀的感觉。我们应该根据说话的内容掌握说话的轻重，该轻则轻，该重则重，使人感到音节错落有致，舒适畅快。

其次，要掌握各种语调的特点。一句话声音的高低变化叫作语调，语调有升调、降调、曲调、平调四种基本类型。随着句子的语气和表达者感情的变化，语调还可以变化出其他多种类型。富有表现力的话应该具备的特点是声音有高有低，有快有慢。

语调有区别句子语气和意义的作用。如果把"你做得不错"说成升调则是疑问句式，带有不信任和讽刺的意味；说成降调，是陈述句式，带有肯定、鼓励的意味。一句话用不同的语调来说，给对方的信息刺激就是不同的。相同的话，由于语调不一，就可能给人不同的理解。因此，掌握分寸感是正确运用各种语调的首要条件。

最后，自然的声音总是悦耳的。交谈不是演话剧，在现实生活当中，无论你用怎样的语调，都应自然流畅，故意做作的语调只能事与愿违。抑扬顿挫构成了语言自然和谐的音乐美，能否恰当地运用不同的语调使语言更富有吸引力，是衡量一个人口头表达能力的重要标志。

声行并举，增强表现力

成功说服的重要前提之一，就是让自己的语言富有感染力，用热情打动对方。很多时候，语言表达出的感情比语言内容本身更能打动人心。

若能再配以恰当的身体语言，则可大大增强你的表现力与说服力。

1. **充满热情的语言**

一般人都是对于自己喜欢或擅长的事物，才会有较高的热情。至于其他不相关的事物，就很少能赋予极大的热情了。因此，在待人处事上一旦不合自己的心意，无论如何威逼利诱，人们也不会从内心自然散发出热情。

当我们全身心投入某件事直至达到忘我的境界时，就会显得魅力无穷，好像我们亲切、刚毅的性格汇聚成了一股耀眼的光芒。这种以热情吸引人的方式，不仅适用于艺术创作、研究、工作等场合，同样也适用于攻心上。例如下面这段对话：

"啊，非常抱歉。请原谅我常常打扰……可是话说回来，我所托之事也只有您一人才能胜任啊！"

"真是禁不起真源兄的一席劝啊，每次有事相求，我都会接受。虽然明明知道自己正忙得不可开交……唉，每次都到事后才后悔不该答应你，否则就会轻松得多啦！"

"唉！你每次都这么说，害我每次都会被你轻易说动。真源，你真行啊，一会儿就说得我晕头转向的。其实真正起作用的并不是你的一席话，而是你的热情！你总是从全新的角度看待旧事物，以乐观的热情感动我。面对做事如此热情专注的你，即使自己再忙，我还是很愿意帮你的！"

从上面的对话中我们深刻体会到，让语言饱含热情是多么重要的一件事，这也是说服的第一步。当热情全面融入你的言语中时，你就充满了激情，富有激情的话语往往能震撼人心，令人激动不已。

2. **用身体语言做恰当的补充**

身体语言能弥补有声语言的不足，它通过有形可视的、具有丰富表现力的各种动作和表情,协助有声语言将内容准确无误地表达出来。通过视觉和听觉的双重作用,能给听者完整、确切的印象,从而更好地表情达意。

巧用身体语言要注意以下两点:

第一,要懂得设计完美的身体语言。

在日常生活中,人们的举手投足,一颦一笑,无不传递着大量的信息,显露出人们的思想感情、爱憎好恶和文化修养。身体语言的设计和运用能使谈话声情并茂、形神兼备,使说话者风度翩翩、姿态万千。

在讲话时合理动用一些手势无疑会增加语言的感染力。两手会帮你强调自己所说的每一句话,成为你表达思想的工具。在需要时,它们会自然地立刻举起来,或放下去。不过,千万不要故意把手交叉在胸前,更不可勉强扶在讲桌上,这样会使你的身体不能自由行动。若用手玩弄自己的衣服,听众会因此转移注意力,而你自己也会显得不够尊重对方。

第二,要注意控制你的面部表情。

俗话说,"眼睛是心灵的窗口",眼睛在说服中的作用不可小觑。交谈时,要敢于和善于同别人进行目光接触,这既是一种礼貌,又能帮助你维持一种联系,使说服在频频的目光交流中可以持续不断,更重要的是眼睛能帮你说话。

身体语言在说服过程中具有特殊的表达能力,不过它是一种手段,不具有独立性,它是为了更好地表达思想,因此,采用怎样的身体语言也没定规可言,要根据说服对象和当时的环境来定。

你的口语没节奏，难怪对方不感兴趣

一个人说话的节奏，取决于说话的内容和交谈双方的语境，节奏要靠起伏的思绪遣词造句，靠波动的情感多层推进。因此，要想说话节奏得当就应该做到快慢有素。

节奏主要表现人心理的运动变化，不同的口语节奏具有不同的形象内涵和不同的感情色彩。适当的节奏，有助于表情达意，使口语富于韵律的美感，加强刺激的强度。

口才出色的人，就像一个出色的钢琴家，将语言的节奏当作钢琴的琴键随意拨弄，弹奏出一曲动人心弦的"高山流水"。他们对语言节奏的掌握可谓随心所欲。

下面几种语言节奏较为常用，若能有效地掌握，也能起到打动人心、增强说服力的效果。

1. 凝重型

这种节奏听来一字千钧，句句着力。声音适中，语速适当，既不高亢，也不显低沉，重点词语清晰沉稳，次要词语不滑不促。用于发表议论和进行某些语重心长的劝说或抒发感情。

2. 轻快型

轻快型节奏是最常见的，多扬少抑，听来不着力。日常性的对话、一般性的辩论，都可以使用这类型的节奏。

3. 高亢型

高亢的节奏能产生威武雄壮的效果，声音偏高，起伏较大，语气昂扬，语势多上行。用于鼓动性强的演说、叙述一件重大的事件或宣布重要决定及使人激动的事。

4. 紧张型

紧张型节奏，往往显示迫切、焦虑的心情。声音不一定很高，但语速较快，句中不延长停顿。用于重要情况的汇报，必须立即加以澄清的事实申辩等。

5. 低沉型

这种节奏具有低缓、沉闷、声音偏暗的效果。语速偏慢，语气压抑，语势多下行。用于悲剧色彩的事件的叙述，或慰问、怀念等。

6. 舒缓型

舒缓型节奏，是一种稳重、舒展的表达方式。声音不高也不低，语速从容，既不急促，也不大起大落。说明性、解释性的叙述，学术探讨等宜用这种节奏。

以上6种节奏分别用于不同的场合、不同的环境，但又互相渗透，有主有辅，只有适当把握，才能显示出说服技巧的内在力量。而有些人对语言的节奏毫不留意，常犯说服的8大禁忌：

一是连篇累牍、语无伦次、无的放矢、文不对题的废话。

二是颠三倒四、七拼八凑、文理不通、是非混淆的胡话。

三是荒谬绝伦、子虚乌有、装腔作势、故作高深的玄话。

四是滥用辞藻、自鸣得意、吟风弄月、华而不实的俏话。

五是牵强附会、大言不惭、含糊其辞、模棱两可的混话。

六是张冠李戴、不着边际、平淡乏味、冗词赘句的空话。

七是言不及义、陈词滥调、千篇一律、人云亦云的套话。

八是无中生有、低级趣味、风花雪月、斗鸡走狗的俗话。

一个讲话缺乏节奏感的人，其语言听起来让人感觉平淡呆板。而一个讲起话来节奏感强的人，语言抑扬顿挫，必然会对他的听众产生极大的吸引力。因此说，语言节奏不仅是说服者感情的表露，更是其思想水平和涵养的体现。

有活力的声音才是最美的

有活力的声音能给别人带来更多的感动和认同，比如，响亮而生机勃勃的声音给人以充满活力与生命力之感。当你向某人传递信息、劝说他人时，这一点有着重大的影响力。当你说话时，你的情绪、表情同你说话的内容一样，会带动和感染你的听众。

有一家大型股份有限公司的三位副总准备向几位计算机专家介绍一下公司的情况，这三位副总没有一个人懂得计算机知识，但他们都是极有权威和影响力的人士，所以他们根本不会因为自己缺乏某一专业领域的知识而向他人表示歉意。他们各自站了起来，宣读了自己准备的材料，但声音平淡而毫无生机，不能引人注意，几位计算机专家弄不懂他们到底说了些什么。

要使自己的声音充满活力，则要注意重音，即根据表情达意的需要，把重要的音、句或语意强调说出，使思想感情表现得清楚明晰，以引起听话者留意并加深他们的印象。说话的声音不可千篇一律，而要通过轻重抑扬来恰到好处地进行表达。说话的内容不同，形式也随之有别，有辩论说理的，有叙述解说的，有控诉声讨的，有宣传鼓动的，还有倾诉感情的。

话语中的带有技巧性的重音，主要有强调重音和感情重音。

强调重音表示特殊意义，用来强调和突出说话中的某一方面。它一般用在一句话上。如何使用？重音的位置在哪里？原则上以说话者的意图为依据。

感情重音，它的作用在于帮助说服者突出某种情绪，增强说服的感染力，其运用应根据说服内容而定。

当然，声音的轻重是相对而言的，运用重音时要考虑整个说话内容，轻重抑扬，紧密结合，使整个说服充满活力与激情。

声音可以使人对你产生极美好的幻觉，也可以使人产生最恶劣的错觉，它能在你疲倦时让别人感到你仍"精力旺盛"，能在你70多岁时还使人觉得你仍"年轻"。但千万小心，别在你精力充沛之际让人感到你很"疲乏"，别在你成功时让人感到你刚刚"受挫"，当你依然年轻，别让人感到你"老了"！

别让声音泄露年龄，除非你还很小。富兰克林·罗斯福在最后几次演讲中仍竭力使自己听起来年轻而富有活力，虽然那时他早已病入膏肓。温斯敦·丘吉尔在肩膀浑圆、步履维艰时，也努力将声音保持旧况。

声音色彩是感情色彩的外部体现，声音色彩与感情色彩之间有一定的对应关系。当人心情愉快时，声音是明朗的；而郁郁寡欢时，声音就较黯淡。若没有这种对应关系，就不可能用声音传递情感信息，也就无法引起对方情感上的共鸣。因此不要使人感受到你的疲乏，要是你在声音中注入活力，他人很可能会受到你的影响振奋起来，从而达到成功说服的效果。

自信的人说什么都对

美国著名成功学家拿破仑·希尔鼓励人们建立自信的方法是：一个人在做事之前，可以大喊50遍"我成功，因为我自信"，这样就可以获得动力！同样，欲成大事者面对挫折也要有这种观念和方法。

确实，每个经历挫折后取得成功的强者都有一个共同的体会：信心产生力量，只要相信自己，即使追求目标如移山倒海，也终有成功的一天。信心是一种最坚强的内在力量，它能够帮助你度过最艰难困苦的时期，直到曙光最终出现。

成功学大师卡耐基说：自信才能成功。自信是美德，如果你能在说服他人时表现出自信来，会让人感觉你是一个可造之材。

高中毕业生小杜，到深圳后就兴冲冲地抱着简历去参加人才交流会。整个会场人如潮涌，唯有某连锁超市的展台前冷冷清清，与会场的气氛形成了鲜明的对比。

小杜好奇地走过去，看了连锁超市招聘启事上的内容，当即吓了一跳。该公司要招聘20名业务代表，却指明要名校毕业生，并且还得有3年以上从事零售业的工作经验，条件那么苛刻，难怪没有人敢贸然应聘。

小杜揣摩了一番，虽然该连锁超市业务代表的工作对她很具吸引力，可她每个条件都没能达到标准。她心一横，决定试一试，真要被拒绝，就当是一次锻炼好了。

小杜径直走到应聘席前坐下，那位中年主管看了她一眼，面无表情地指了指那招聘启事问："看过了吗？"她点点头说："我看过了，不过很遗憾，我既不是名校毕业，也没有从事过零售业方面的工作，只有高中文凭。"

那位主管看了她好半天，才说："那你还敢来应聘？"

小杜微微一笑："我之所以敢来应聘，是因为我喜欢这份工作，而且相信自己有能力胜任这份工作。"停了停，她又说："如果求职者真要具备启事上所有条件，那他肯定不会应聘业务代表，而至少是公司主管了。"

说完，小杜就把自己的简历递了过去，那位主管竟然没有拒绝，而且微笑着收下了。

第二天，小杜就接到了录用通知书。后来她才知道，那些苛刻的招聘条件只不过是该连锁超市故意设置的门槛罢了。其实当她和主管谈完话之后，她就已经通过了两项测试：勇于挑战条款的信心和勇气以及分析问题的能力。那位给她面试的主管后来说："虽然不是名校出身，但你的言语之中透露出的自信让我最终选择了你。连面试的勇气都没有的话，日后又岂能有勇气去敲一个个商家的大门？"

自信是美德，可以得到别人的好感。所以，我们在与别人交谈的过程中，一定要体现出自信，将自己的信心烙在每一个字上，千万不要犹犹豫豫，裹足不前，更不能含含糊糊表达，否则只会让别人对你无法信服。

第6章
奇拳怪招，攻心说服

不准？我偏要做

"请不要阅读第七章第七节的内容。"这是一个作家在他的著作扉页上的一句饶有趣味的话。后来，这个作家做了一个调查，不由得笑了，因为他发现绝大部分的读者都是从第七章第七节开始读他的著作的，而这就是他写那句话的真正目的。

当别人告诉你"不准看"时，你就偏偏要看，这就是一种"逆反心理"。这种欲望被禁止的程度愈强烈，它所产生的抗拒心理也就愈大。所以如果能善于利用这种心理倾向，就可以将顽固的反对者软化，使其固执的态度做一百八十度的大转弯。

某建筑公司的李工程师（以下简称"李工"），有一次折服了一个刚愎自用的工头。这个工头常常坚持反对一切改进的计划。李工想要换装一个新式的指数表，但他想到那个工头必定要反对，于是就在腋下夹着一个新式的指数表，手里拿着一些要征求工头的意见的文件去找他。当大家讨论这些文件的时候，李工把指数表从左腋下移动了好几次，工头终于先开口了："你拿着什么东西？"李工漠然地说："哦！这个吗？这不过是一个指数表。"工头说："让我看一看。"李工说："哦！你不用看的！"并假装要走的样子，还说："这是给别的部门用的，你们部门用不到这东西。"但是，工头又说："我很想看一看。"当他审视的时候，李工就随意但又非常详尽地把这东西的效用讲给他听。他终于喊起来说："我们部门用不到这东西吗？糟糕，它正是我想要的东西呢！"李工故意这样做，果然很巧妙地把工头说动了。

逆反心理并不是执拗的人才有，喜欢跟别人对着干也是大多数人的习惯，因为每个人都不愿乖乖服从于任何人。

某太太认为她丈夫极不像话，于是便到处向朋友诉苦。她满以为朋友会劝她打消离婚的念头，不料有位朋友却说："如此不像话的丈夫，趁早离婚，免得将来受苦。"

这位太太听朋友这么一说，反倒认为："其实，我丈夫也并非坏到这般地步。"便收回了离婚的念头。

上述案例其实和劝别人不要自杀有相似之处，如果有一个人站在高楼顶上欲跳楼自杀，而旁人在拼命说些"不要跳"或"不要做傻事"之类的话，则更是助长了他跳楼的意念；相反，若你说："如果你真想跳的话，那就跳吧！"他必定会感到很泄气，想不到旁人竟不予阻止反而鼓励他跳下，这完全背离了他原先的期待。这种对于劝阻的期待，一旦为他人背离反而会失去原有的意念。离婚并非那位太太的本意，她只是想在朋友那里抱怨抱怨自己的丈夫，可是当朋友真的让她离婚时，她就产生了"逆反心理"：为什么不是劝我别离婚，而是劝我离婚呢？我要是离婚了，一个人孤零零的不是让大伙看了笑话？再说，我老公有那么差吗？你劝我离婚，我偏不离！

所以，我们在劝说别人的时候，也可以适当利用对方的逆反心理，说些反话，让对方自己醒悟，做出正确的决定。

正话反说有奇效

一语双关,是指在一定的语言环境中,利用语句的多义或谐音的关系,使语言具有双重意义。不过一语双关需要技巧和反应能力,平常情况下用不上这个技巧。但是如果有机会运用上,这样的妙语足以让他人回味无穷。

有一次,齐景公的一匹爱马突然病死,他迁怒于养马人,下令将养马人推出去斩首。

在场的晏子听说后,略一思索,便跪到齐景公面前数落起养马人的"罪状"来。

"主公,您想处死养马人,应该先让他知道他犯了什么罪才行呀!现在让我来列举他的三条罪状,请您听一听。"

齐景公点头同意,晏子便对着养马人高声说道:"你为君王养马,却把马养死了,这是第一条罪状;死掉的这匹马,又是君王最喜爱的,所以又增加了一条罪状;因为马的死,君王要处死你,这消息如果让老百姓知道了,他们就会怨恨君王,让邻国人知道了,他们就会看不起齐国,让君王背上一个重马不重人的恶名,这不是你的第三条罪状吗?你犯下如此三条大罪,就应该被处以死刑。"

齐景公听完这些话,觉得晏子是句句冲着自己来的,顿时有所醒悟地说:"把养马人放了吧!别损害了我仁爱的名声。"

晏子的话表面上处处顺着齐景公的心意,口口声声数落养马人的罪状,而实际上却是字字句句讽刺齐景公,从反面说出齐景公的错误,点出杀掉养马人的危害是"使怨积于百姓，兵弱于邻国"。齐景公听出了这种蕴含大义的弦外之音，只好释放了养马人。遇到不可理喻的人，善辩者总会一反常态，采用正话反说的方式，在虚顺实逆、明褒暗贬的语言怪招中，收获正面说理难以出现的奇效。

以谬制谬，敲醒当局者

在攻心说服中，有一种方法与之非常类似，叫"以谬制谬"。具体就是把对方的荒谬观点引发开来，使其暴露得更为明显，进而达到说服的目的。

优孟是楚国的艺人，身高八尺，喜欢辩论，常常用诙谐的语言婉转地进行劝谏。楚庄王有一匹心爱的马，于是给它穿上锦绣做的衣服，让它住在华丽的房子里，用挂着帷帐的床给它做卧席，用蜜渍的枣干喂养它。结果马得肥胖症死了，于是庄王让臣子们给马治丧，要求用棺椁殡殓，按照安葬大夫的礼仪安葬它。群臣纷纷劝阻，认为不能这样做。庄王急了，下令说："有谁敢因葬马的事谏诤的，立即处死。"

优孟听到这件事，走进宫门，仰天大哭。庄王吃了一惊，问他哭的原因。优孟说："这马是大王所心爱的，堂堂的楚国，怎么能只按照大夫的礼仪安葬它？它会死不瞑目的。能不能请大王批准用安葬国君的礼仪安葬它？"

庄王问："怎么个葬法？"

优孟回说："大王何不用雕花的美玉做棺材，用漂亮的梓木做外椁，用槭、枫、豫章等各色上等木材做护棺，发动士兵给它挖掘墓穴，让年老体弱的人背土筑坟，请齐国、赵国的代表在前面陪祭，请韩国、魏国的代表在后头守卫，盖一所庙宇用牛羊猪祭祀它，还要安排个万户的大县来供奉它。我想各国听到这件事，就都知道大王对人和对马的态度了。"

庄王说："我的过错竟然到了这个地步？现在该怎么办呢？"

优孟说："让我替大王用对待六畜的办法来安葬它：堆个土灶做外椁，用口铜锅当棺材，调配好姜枣，再加点木兰，用稻米做祭品，用火光做衣服，把它安葬在人们的肚肠里不是更好吗？"庄王当即就派人把死马交给太官，以免天下人张扬这件事。

文中的故事显得有些荒诞，死一匹马竟要耗费如此大的心力去安葬，但马的主人庄王却下令，谁要是敢因葬马的事进谏，便立即处死。故事中的优孟将错就错，以谬制谬，让庄王更正了荒唐的做法。

要说服当局者迷的人，就要在对话过程中抓住对方命题里隐蔽的荒谬点加以推衍，或由此及彼，或由小到大、由隐到显，最后得出荒谬可笑的结论，证明对方论点的错误性。整个对话过程虽有可能带有讽刺意味，但问话者并无恶意，对方也就更容易被说服。

同步心理巧说服

如果要想更成功地说服对方，不妨运用同步心理。所谓的同步心理就是凡事想跟他人同步调、同节奏，是那种想过他人向往的生活、不愿落于潮流之后的心理在作祟。利用同步心理去说服他人，往往能收到很好的效果。

妻子："听说小张买了房子，而且还是座小型花园别墅，总共有 90 平方米。真好啊！我们的一些朋友都已经陆续有了自己的家。唉，真是让人羡慕，什么时候我们也能和他们一样呢？"

丈夫："啊，小张？真是年轻有为啊！我们也得加快脚步才行，总不能在这里待上一辈子吧。可是贷款购房利息又沉重得惊人。"

妻子："小张还比你小 5 岁呢，为什么人家可以，你就不行呢？目前贷款购房的人比比皆是，况且我们家也还负担得起。试试看嘛！不如这个星期我们去看看吧，现在正是促销那种花园别墅的好时机呢。买不买是另一回事，看看也不错！"

于是星期天一到，夫妇俩就带着孩子去参观正在出售的房子。

妻子："这地方真好啊！环境好又安静，孩子上学也近，而且房价也是我们负担得起的。一切都那么令人满意，不如我们干脆买一个吧！"

丈夫："嗯，是啊！的确不错。我们应该负担得起，就这么决定吧！"

这句话正中妻子的下怀。她早看准了丈夫的决心一直在动摇，而用旁敲侧击的方法让他做出决定，这是妻子的成功所在。

这位妻子为何能够如愿以偿呢？因为她懂得去激发同步心理。上述例子中的妻子成功地掌握了丈夫的同步心理，进而采取相应的说服对策。她先举出邻居小张的例子，继而运用"我们的一些朋友都已经陆续有了自己的家""贷款购房的人比比皆是"等一连串话语来激发丈夫的同步心理。

场面类比，反驳诘难

在日常生活中处理问题时，巧妙地运用类比的手法，往往会使处理问题的整个过程充满幽默感，并且能够收到良好的说服效果。

有一次，在党的代表大会上，赫鲁晓夫再次批判斯大林的错误。这时，有人从听众席上递来一张条子。赫鲁晓夫打开一看，上面写着："那时候你在哪里？"

这是一个非常尖锐的问题，赫鲁晓夫的脸上很难堪。他很难做出回答，但他又不能回避这个问题，更无法隐瞒这个条子，这样会使他丢面子、失去威信，让人觉得他没有勇气面对现实。他也知道，许多人都面临着同样的问题，更何况，这会儿台下成千双眼睛在盯着他手里的那张纸条，等着他念出来。

赫鲁晓夫沉思了片刻，拿起条子，通过扩音器大声念了一遍条子上的内容，然后望着台下，大声喊道："谁写的这张条子，请你马上从座位上站起来，走上台。"

没有人站起来，所有的人都很紧张，不知赫鲁晓夫要干什么。写条子的人更是忐忑不安，后悔刚才的举动，想着一旦被查出来会有什么结局。

赫鲁晓夫重复了一遍他的话：请写条子的人站出来。

全场仍死一般地沉寂，大家都等着赫鲁晓夫爆发。

几分钟过去了，赫鲁晓夫平静地说："好吧，我告诉你，我当时就坐在你现在的那个地方。"

面对当众提出的尖锐问题，赫鲁晓夫不能不讲真话。但是，如果他直接承认"当时我没有胆量批评斯大林",势必会大大伤了自己的面子,也不合一个有权威的领导人的身份。于是赫鲁晓夫巧妙地即席创造出一个场面,借这个众人皆知其含义的场景来含蓄地给出自己的答案。这种回答既不损害自己的威望,也不让听众觉得他在文过饰非。赫鲁晓夫创造的这个场景还让所有在场者感到他是那么幽默风趣,平易近人。

如果从逻辑上来反驳诘难,那你可能要陷入一场无休止的争论之中。聪明人会用类比的方式,找一个相似的事物所具有的属性或特点,来证明对方诘难的荒谬。这是一种以曲为直的方法,在达到反驳目的的同时,心平气和地说服对方接受你的观点。

借助权威,有力说服

在日常工作、生活中,我们常常会遇到这样一种情景:你在与别人争论某个问题时,分明自己的观点是正确的,但就是不能说服对方,有时还会被对方"驳"得哑口无言。这时,如果添加一些权威成分,或许就能容易地争取别人赞同你的观点。

例如有些推销人员在卖人寿保险的时候,他们喜欢提到权威人士。他们说"你们工厂的经理也买我们的人寿保险",大家会说:"噢,我们公司的经理那么精明强干,他们都买你们的人寿保险,看来你们的人寿保险是不错,买吧。"人们没有经过很深的判断,只是听到权威人士的做法便争相效仿,这就是利用了对权威信赖的心理。

伯乐是相马的名师,大家认为他相马绝对不会看走眼,只要他认可的马一定是好马。有一次有人来求见他,说:"我有一匹马卖不掉,请您到马市上走一遭,在我这匹马旁边走一走,看一看,成吗?"伯乐答应了。果然,他去看了那么一眼,这匹马就卖了高价。

伯乐只是去看了一眼,这马就卖了高价。如果他说句话,这匹马一定会惹得众人争抢,更要卖出天价。由此观之,名人在社会上说句什么话,表个什么态,都可能给人们施加某种影响,无形地说服别人。

名人往往是有实力的人,他掌握和操纵着某一领域的话语权,有着广泛而深刻的影响力。名人是人们心目中的权威,心目中的偶像,他的话自然会格外受到人们的重视,这样想来,人们普遍对名人有着崇拜心理也就不奇怪了。而你借助他的话,可以在与人交流的过程中快速提升自己的地位和声誉,并且更容易让别人觉得你是权威。

借助权威,可以让对方更加认可你的观点,毕竟人对权威都是信服的,你也就可以省去很多口舌去劝服对方了。总而言之,在自己的言谈中添加一些权威成分,可以节省不少的精力,轻松说服别人,也可以帮助你有效地操纵别人增加对你的信任和支持。

第7章
治愈演讲尴尬症

以独特的演讲风格征服"吃瓜群众"

演讲者只有具备自己独特的风格,听众才容易被其吸引,在演讲的时候自己的魅力才会自然地流露出来。很多人以为自己的长相或者着装特征就是风格,其实不然,外表的特点也许会起到一定的吸引作用,但能被听众真正信服和记住的方法,是培养出自己的语言风格。

演讲中语言的风格有许多种类型,比如幽默、深沉、绚丽多彩等,每一种风格类型都有自己独特的说服力,很多时候我们看见演讲者刚刚上台还没有说话,场下的听众就已经开始微笑,或者保持肃静了,这就是演讲风格带来的影响。在随后的演讲中,只要演讲者正常发挥这种风格,听众就会在其风格的感染下认真聆听演讲的内容,最终对演讲者报以热烈的掌声。

一代文豪郭沫若先生的演讲就极具艺术风格,当然这是与其非凡的文采魅力密不可分的,他的每一次演讲都能以精妙的话语振奋人心。

年轻人之所以为年轻人,并不是单看年纪轻,假如是单看年纪轻,我们倒看见有好些年纪轻轻的人,却已经成了老腐败,老顽固,甚至活的木乃伊——虽然还活着,但早已死了,而且死了几千年。

反过来我们在历史上也看见有好些年纪老的人,精神并不老,甚至有的人死了几千年,而一直都还像活着的年轻人一样。所以一个人的年轻不年轻,并不是专看生理上的年龄,而主要的还是看精神上的年龄。便是"年轻精神"充分的,虽老而不死;"年轻精神"丧失的,年虽轻而人已死了。

那么,什么是年轻精神的品质呢?

第一,是真理的追求者。他是一张白纸,毫无成见地去接受客观真理;他如饥似渴地请人指教,虚心坦怀地受人指教;他肯向一切学习,以养成他的智慧。这是年轻精神的第一特征。

第二,是博爱的实践者。他大公无私,好打抱不平,决不或很少为自己打算,实切实地有着人饥己饥、人溺己溺的怀抱,而为他人服务。这是年轻精神的第二特征。

第三,是勇敢的战士。他不怕任何艰难困苦,他富于弹性,倒下去立刻跳起来,碰伤了舐干血迹,若无其事,他以牺牲自我的意志征服一切。这是年轻精神的第三特征。

这三种年轻精神的特征,每一个年轻人都是有的,假如他把这些特征保持着,并扩大着,那他便永远年轻,就是死了也还年轻;假如他把这些特征失掉,比如年纪轻,便做狗腿子的事,那他不仅不年轻,而且老早是一个死鬼了。

就在这样的认识之下,我们向"年轻精神"饱满的青年朋友们学习,使自己年轻,使中国年轻。

(节选自郭沫若《在萧红墓前的五分钟讲演》)

郭沫若先生的演讲风格表现在对比鲜明、排列层次感极强而且言语上文学气息浓厚。他的演讲虽然没有深刻的理论知识,但是却给人一种"字字珠玑"的味道,这种演讲风格具有强烈的情感冲击力量,能最大限度地打动聆听者的心,激发出聆听者内心深处的"年轻精神"。郭沫若先生的演讲风格偏向于大气,在他所有的演讲中,无论是哪一个时代的中国人,都会被他的风格所感染并折服。

很多时候我们是很难模仿学习他人的演讲风格的，因为我们没有与他人相同的经历和思想，因此演讲者只有形成自己的演讲风格才能使整个演讲过程充满生机和活力。在常见的名家演讲中，幽默的风格往往更能拉近和听众的距离。幽默并不是开玩笑，幽默的风格是一种智慧的艺术，听众需要在你幽默的讲演中得到知识或者人生的启迪后才会认同你。当今的演讲大师中，易中天先生的演讲就充满了有趣的因子，他的每一次演讲也都在人心中植下了种子，让人深思。

下面是易中天先生关于教育的一段演讲：

"这种成王败寇的评价标准的结果是不把学生当人，望子成龙，望子成材，望子成器。龙是什么？怪兽。材是什么？木头。器是什么？东西。就是你要成怪兽，你要成木头，你要成东西，就是不要成人。现在口口声声以人为本，最应该以人为本的应该是教育，可是在中国，最应该以人为本的领域最不把人当人。

你看看我们现在的孩子过的什么日子。有一家媒体报道说，夫妻两个白天平时工作比较忙，到了国庆长假，孩子问爸爸妈妈能不能花一天时间陪我到游乐园玩一下。夫妻两个开了一夜的"遵义会议"，最后咬紧牙关，下定决心，拿出一天时间陪孩子上回游乐园。做了第一个游戏，孩子挺高兴。妈妈就问，好玩吗？好玩。那回去就可以写篇作文了吧？孩子当场脸就拉下来，然后垂头丧气去做第二个游戏。做完第二个游戏妈妈又过来了，问，第二个游戏好玩吗？好玩。那你可以写一篇精彩的作文了吧？孩子说，妈妈我不玩了。一天玩的时间都不给孩子，就盯他的作文，口号是不能让孩子输在起跑线上。那我想请问：人生的终点线在哪儿？殡仪馆。所以从上到下，从教育行政部门到家长，全都是望子成龙。所以现在我旗帜鲜明地提出来，我反对励志，反对培优，反对成功学，反对望子成龙。

我的口号就是今天的演讲主题,望子成人。什么人?真正的人。有标准吗?有,八个字,第一真实,第二善良,第三健康,第四快乐。"

易中天先生以其丰富的知识和独到的见解,把每一次的公众演讲都以自己幽默却充满哲理的风格呈现出来。这种幽默的演讲风格成为易中天先生的标志,以至于每一次只要他准备讲话,聆听者就会露出会心的微笑期待着从他的演讲中得到智慧,这就是他独有的演讲风格对人的吸引。

风格是一种看不到却存在的美感,同时也代表着演讲者本身的人格魅力,有了自己的演讲风格有助于让听众记住自己,同时认真听取自己的演讲内容,并接受你的演讲思想。演讲风格有很多种,我们可以模仿、学习、练习,但最终的目的还是要根据自己的演讲特点培养属于自己的演讲风格。

随时关注听众反应

心理学家认为,使听众专心倾听的要点,就是随时注意听众的反应。听众是演说者的上帝,所以你对于身边听众的举动一定要敏感,尽可能和听众站在同一战线上,完全以听众的立场为出发点,这是利用听众心理诱导其听讲的技巧之一。

处于放映中的电影的内容是无法改变的,就算观众对电影不感兴趣而打哈欠、打瞌睡,它还是得继续放映。但是演讲就不同了,只要你发现身边的听众出现类似厌倦的神情或动作,或者压根儿不听你讲话,开始交头接耳、窃窃私语时，你就得立刻巧妙地收住你的话头，随机应变地另外起个话头。

日常生活的谈话中，许多人都会不经意地冒出不着边际、让人摸不着头脑的话语。可是作为一个演讲者却不行。听众的欲望是你谈话的动机，听众的反应是你谈话的目的。听众的反应热烈时，他们的脸和视线都会集中在演讲者身上，并会流露出善意的微笑和欣赏、鼓励的表情，有时还会点头、鼓掌以示共鸣。

与之相反的情形是，会场角落开始骚动，听众不但视线不集中，而且一片喧哗。遇到这种场面，一定要提高声音或突然放低声音，就像演奏家演奏乐曲变换声调一样，以吸引听众注意力。

在演讲时，如果你最初的讲话并没有被听众接受，那么就不要立即做深入发挥，应视情形结束你的演讲。还有，尤为重要的一点是，尽可能让听众参与你的谈话。你可以适当用一些提问式、反问式的句子与听众进行交流，或者假装说错话，引起听众的哄笑。不过这时千万别忘了，一定要等笑声停止，再继续开始演讲。

如果你尽了很大的努力，在想尽各种办法和措施后仍有听众在你演讲时打盹，你该怎么办？

千万不要放松自己的精神，对演讲失去信心，你可说些自嘲的话语，再度吸引听众的兴趣。"在座的各位似乎已经筋疲力尽了，如果仅仅是因听了我的话才感到疲倦，那么就请大家安心入睡，并请各位做个好梦！"听众听了一定不好意思继续打盹。

如果你在演讲时因用语高雅、文学性强而得不到听众的反应，那么就要立刻将内容口语化。如"此举迫不得已"可以改作"实在没有办法"。听众无法领悟时，就得将叙述的形式改作浅显易懂的会话式，使听众容易接受。

"巧妙重复"巩固中心思想

在演讲中"巧妙重复"是最有效的让他人接受自己观点的说服方法之一,由于不断重复可以潜意识地在对方心中打上烙印,因此很多演讲者都会在演讲内容中以听众难以察觉的形式,巧妙地重复着自己演讲的主要思想,以便让听众记住自己演讲的内容。演讲者如果担心自己的演讲没有什么太过出彩的地方,但是又想让听众产生深刻的印象,"重复"就是最直接有效的方式。

"重复"是一种技巧,不能太过明显,否则听众会感觉你是在喊口号而不是在演讲。所以很多演讲者选择把自己演讲的主要思想放在穿插的故事中,这时的"重复"就变得比较自然。例如现在很少有商品的广告是在不断重复商品的名字,它们更多的是以"广告剧"的形式,在一个短片故事里让自己的商品反复出现,以此让人们记住商品。这种重复穿插的形式也得到了越来越多的演讲者的青睐,因为它不但增加了演讲的趣味性而且巧妙地隐藏了"重复"的痕迹。

下面是俞敏洪关于"坚持"的演讲:

有一个故事说,能够到达金字塔顶端的只有两种动物,一是雄鹰,靠自己的天赋和翅膀飞了上去。我们这儿有很多雄鹰式的人物,很多同学学习不需要太努力就能达到高峰。很多同学后来可能很轻松地就能在北大毕业以后进入哈佛、耶鲁、牛津、剑桥这样的名牌大学继续深造。有很多同学身上充满了天赋,不需要学习就有这样的才能,比如说我刚才提到的我的班长王强,他的模仿能力就是超群的,到任何一个地方,听任何一句话,听一遍模仿出来的绝对不会两样。所以他在北大广播站当播音员当了整整四年。我每天听着他的声音，心头咬牙切齿充满仇恨。（笑声）所以，有天赋的人就像雄鹰。但是，大家也都知道，有另外一种动物，它靠着坚持不懈也到了金字塔的顶端，那就是蜗牛。蜗牛肯定只能是坚持爬才能上去。从底下爬到上面可能要一个月、两个月，甚至一年、两年。在金字塔顶端，人们确实找到了蜗牛的痕迹。我相信蜗牛绝对不会一帆风顺地爬上去，一定会掉下来、再爬、掉下来、再爬。但是，同学们所要知道的是，蜗牛只要爬到金字塔顶端，它眼中所看到的世界，它收获的成就，跟雄鹰是一模一样的。（掌声）

所以，也许我们在座的同学有的是雄鹰，有的是蜗牛。我在北大的时候，包括到今天为止，我一直认为我是一只蜗牛。但是我一直在爬，也许还没有爬到金字塔的顶端。但是只要你在爬，就足以给自己留下令生命感动的日子。（掌声）

俞敏洪先生的演讲就是个典型的例子。在这个"老鹰和蜗牛"的故事中，一开始并没有与"坚持"相关的词语，而讲到蜗牛之后就开始多次讲到坚持或者同义的词语了。这些词语在故事中大多伴随"蜗牛"出现，因此没有让听众感到重复，甚至让他们觉得这是理所当然的。这种"重复"的演讲方式在听众的潜意识里根植了"坚持"的意义，这也是俞敏洪先生演讲的中心理论。

除此之外，还有一种更直接的方式能够将"重复"巧妙地运用到演讲中，那就是自问自答。将"重复"变成带动节奏的节拍器，自己成为掌握节奏的人。

下面是鼓励创业的一篇演讲稿：

我们为什么要创业？那是因为很多大学生认为"创业"本身就是一种职业。在就业高峰，创业可以给自己一片更广阔的天空，很多人也都认为在今后的社会中，自主创业的人会越来越多，甚至成为就业的主流，成为大学生毕业后就业的首选。

我们为什么要创业？因为创业可以实现自我价值——这是证明自己的最好途径。一些自我意识很强的学生，不愿意庸庸碌碌，选择自主创业是为了通过这一途径来证明自己的能力。在一些单位由于制度的约束，无法按照自己的想法来做事，创业可以有一个空间来发挥，来实现自我价值，得到社会的认可。

我们为什么创业？因为我们活在一个讲"经济"的社会——经济原因也是大学生选择自主创业的一个重要原因。在以经济建设为中心的大环境中，工作待遇是不得不考虑的一个重要因素，自主创业可能带来的就是良好的经济效益。

我们为什么要创业？因为我们要做自己的老板。一方面，替别人打工不如为自己打工，大部分选择自主创业的学生都是抱着这种心态，认为自己的事业，做起来会更有工作激情，更投入，从而更容易成功，这种成功是属于自己的；另一方面，就算失败，也是自己造成的，不会去怪别人，不会感到遗憾。

我们为什么创业？因为这是无奈之举——当然，找不到工作也是毕业生选择创业的一个原因，特别今年是大学扩招后的第一个就业年，大量的毕业生拥向市场，一些人必然要面对找不到工作或是短时间内找不到合适工作的问题，在这种情况下选择创业也是一种无奈之举。

案例中演讲者使用了"自问自答"这样的重复技巧，在提问中不断重复着"为什么创业"这个中心思想。几次提问式的重复，不但产生了一次比一次有力量的效果，而且非常有连贯性和节奏感，每一次提问都能激起听众对创业理由的向往。随着第五次提问的结束，越来越多的听众甚至期待演讲者说第六个、第七个……

"重复"本身就是让别人加深印象的一种说服术,而"演讲"也是为了感染更多听众,让听众记得自己或者自己的言论,因此两者有着天生的契合性。如果演讲者在自己的演讲中不断"重复"着自己的思想而未被听众发觉,那么他就已经成功地将自己的思维最广泛而默默地刻在了这些听众的脑海里了,这就是"巧妙重复"在演讲中取得的独特效果。

拿出给力的证据

证据在演讲中的意义就像是寻找一个中立的第三方来证实自己言论的正确性,证据往往是非常客观的事实,它很少存在说谎的嫌疑,所以更容易让听众相信。演讲者举出的证据和聆听者的生活越接近越有说服力。因此,在演讲中举出适当的证据证明自己的言论,是一种非常有效的让听众信服的方法。

拿出实例作为证据是很多演讲者提高说服力的方法,相对于演讲者在不停地重复"大家想象一下"这种较为虚幻的说服词,提出"大家应该知道"或者"你们眼前看到的是"这种更实际的证据更能让听众信服。因此在很多讲演中"证据"变得尤其重要。

苏珊是一家广告公司的策划部经理,经常需要给客户做广告提案的演说,在演说的时候苏珊最擅长的就是举出实际中的案例做证据,以便在最短的时间内让在座聆听的投资商选定自己公司的广告创意。

在某次杂志广告的创意提案上,苏珊公司所做的广告创意是以黑白两色为主打色调的，这种色彩和我们平时看到的广告大相径庭，甚至有一位客人嘲笑这是"葬礼"的广告模式，但是苏珊并不生气，她说道："各位老板看过这么多广告创意，除了这个黑白色调的广告，还有哪一个给了你们这么大的反响？"然后苏珊开始拿出事先准备的实例证据。

首先是三本商务杂志，苏珊说："请各位老板看一看你们手中的杂志，看看你们对哪一个广告印象深刻？"在座的老板都是常年观看杂志广告创意的人，看了三本杂志后虽然觉得其中有几个不错的广告，但是都没有太中意的作品。苏珊说："各位老板，现在的杂志广告，创意基本做尽了，我们得承认，绚丽多彩之下，所有的广告都在用题材创意打拼，观众和在座的几位老板一样，也多多少少有点麻木了，浏览杂志时除了固定的品牌，都是一眼掠过！"然后苏珊拿出第二套准备，大屏幕上轮番播放20个品牌平面广告，其中有一个是纯黑白色调的，当20个广告播放完毕后苏珊问在座的老板们："哪一个印象深刻？我相信那张黑白色调的广告无论创意如何，至少是吸引眼球的，引起消费者的注意才是广告的本质目的。"最终苏珊的提案被一致通过了。

在商业广告中使用"黑白"色调的确是一种大胆的创意，因此苏珊早就准备好了证据等待着在座的老板们提出反对意见。第一部分的证据是三本杂志，这样的证据出自这些老板身边，为了证明现在广告创意已经非常饱和；第二部分的证据是２０个平面广告，其中一个黑白色彩的广告因为比较独特自然能够给人留下印象，在座的老板认同这两部分证据的意义，自然就会认同苏珊的创意。由此可见，在演讲中做好证据的准备，能够非常有效地提高演讲的可信度，而且"证据"可以作为演讲说服术的桥梁，让聆听者从一个实际的点接受自己的思想。

在专业人士的面前做演讲，自己拿出的证据也许会被理性分析，但是做更加广泛的大众演讲,如果能拿出让听众当场参与的证据,也就是说把证据和聆听者的距离缩短为零,演讲内容的可信度就更大了。

美国的一次心理学演讲中,演讲的题目是"心灵思想可以控制物质变化",讲师也是为了让在场的学生或者听众信服,提前就准备了一些简短的录像和报纸作为证据。例如,新西兰一位老人每天对枯萎的树木祈祷,树木很快地重新发芽;日本做水分子结构实验,当实验者不停地对一瓶水说"我爱你",水分子结构也会更加美丽,如果说"讨厌你",则水分子结构变得非常难看。但是场下的学生和聆听者中依然有不太相信这个演讲内容的,甚至怀疑课件里的新闻都是炒作的,这时候讲师拿出了最有力的证据。

"我知道在座的各位朋友也许对之前的演讲内容有所怀疑,那么我就让在座的每位都作为这场演讲的案例。请在场的各位朋友拿出你们身上的一把钥匙,然后向你身边的女士借一根长发,穿过钥匙,双手扯住头发的两端,让钥匙自然地垂在头发的中间。好的,请用你的手肘支撑不要动,这样形成一个大'M'形状,然后大家盯着被头发穿过悬在半空的钥匙,全神贯注,然后随意告诉你的钥匙前后或者左右摆动,看看它是不是真的随着你的心灵所想在摆动?"

没有超过一分钟,就有人惊叫起来,说钥匙真的随着心意在动。然后基本上所有人都发现只要自己专注,钥匙就会随着心思而摆动。讲师说:"你们自己应该知道自己的手并没有动,而且钥匙的摆动方式是你们自己决定的,我也不可能控制全场人的思维,所以,这就是'心灵控制物质'的证据。"最终这个演讲大获成功!

在这个事例中,开始讲师拿出的证据其实已经非常有力,但是因为听众较多，而且有些还是学生，所以会提出对已有证据的疑问，这时候讲师以"头发和钥匙"的方式，举出了他们参与完成的证据，这样一来由于没有人会反对自己亲手制造的"证据"，整个演讲关于"心灵思想可以控制物质变化"的中心思想就非常容易让人接受。

有人把演讲比作一场同时和多人进行的辩论赛，这其实一点也不夸张，因为演讲者在讲台上对听众做演讲，相当于和所有听众脑海里的反对意见做辩论，说服的听众越多，演讲就越成功。所以在辩论中"事实胜于雄辩"这句话同样适合于演讲，在演讲中若能举出当前社会实际发生的例子作为演讲的依据，或者直接让在场听众看到实例，会比演讲者个人的推断解释更有效地让听众相信，这种方式通常非常直接明了，而且可以取得良好的说服效果。

让"自己"入题，"献身"说法

卡耐基曾经根据能够吸引听众注意力的演讲题目做了一番调查，发现最为听众欣赏的题目大都与演讲者本人有关，如演讲者幼年时代的成长故事、年轻时代力争上游的经历、成功早期的人生经历以及演讲者的特殊经历和获得的人生启迪等等。从演讲说服术的角度来看卡耐基的研究结果，我们可以得到一个结论：演讲者在公开演讲的过程中赢得听众关注和信任的原因是让"自己"入题，将自己放在演讲的内容中，也就是说，当演讲者在演讲中讲述自己的亲身经历或者自己的感想的时候，听众更容易被演讲者说服。这是因为当演讲者在讲述自己的亲身经历或者自己的感想时会变得格外有自信和激情，这种情绪才是抓住听众的关键所在。

演讲大师们都明白这样一个道理：在演讲台上一定要把你所讲的故事当成自己的故事，这样才能够让人信服。因为人们在讲述别人故事的时候，潜意识中往往保留着怀疑的态度，即使相信或者想要将自己的感情体验融入演讲的内容中，也无法和亲身经历所产生的感情体验相比。例如在5·12汶川大地震发生后，某市举办了一场关于地震的演讲，一位演讲大师虽然准备的材料充足且演讲技巧精湛，但最催人泪下的演讲得主，却是另一个经历过唐山大地震的在职工人。他的演讲并没有什么特殊的技巧，但在讲述自己的亲身经历时流露出的真情，是任何技巧都无法与之媲美的。

若干年前，卡耐基训练班的教师们在芝加哥的希尔顿酒店开会。会中，一位学员以这样的开头做演讲："自由、平等、博爱，这些是人类字典中最伟大的思想。没有自由，生命便无法存活。试想，如果人的行动自由处处受到限制，那会是怎样的一种生活？"

一说到这儿，他的老师便明智地请他停止，并问他是否有什么证据或亲身经历可以支持他刚才所说的内容。于是演讲者告诉了在座所有人一个真实感人的故事。

"很多朋友都知道，我曾是一名法国的地下战士。我与家人在纳粹统治下所遭受的屈辱是无法用语言表达出来的，我只能说在那段时间我很想知道地狱会不会比我的处境更糟糕。我和我的家人为了逃过秘密警察的追捕并最后来到美国，住过下水道，吃过腐臭的面包，甚至还跟我的妻儿躲在贫民窟中拿垃圾盖住全身，两天都不敢动一下……这一切都是为了自由！

"今天，我走过密歇根大道来到这家酒店，我能随意地自由来去。

我经过一位警察的身边,他也并不注意我。我走进酒店,也不需要出示身份证。等会议结束后,我可以按照自己的选择前往芝加哥任何地方。因此请相信,自由值得我们每个人为之奋斗。"

他获得了全场观众的起立和热烈的鼓掌。

这位学员的演讲想告诉我们自由的可贵,演讲开始的话太过空洞和形式主义,在座的学员都是卡耐基训练班的同学,要抓住他们的心并且赢得欣赏就需要独具特色的演讲内容,所以老师引导这位学员以自己的亲身经历支持"自由可贵"的演讲中心。在老师的启发下,学员以自己带着全家逃到美国的亲身经历诠释崇尚和追求自由的信念,演讲中的每一个字都仿佛是烙在了演讲者的心中,所以演讲者的语言拥有强大的感染力,让在座的人感同身受,最终演讲者赢得了全场的掌声和欣赏。由此可见,与讲述一件凭空编造或者阅读过的事件相比,讲述一件亲身经历的事件往往会令让自己本身更投入,这样在带给听众真实情感的同时也更容易触及听众的感情线,激起他们的共鸣。

让自己入题不仅是在演讲中讲述自己的经历,还包括自己对一些所见所闻发自内心的感受。但是很多演讲者都忽略了这一点,他们有时候只是天上地下扯些一般性的概念及哲学原理,忽略了把个人的真实感想放在自己的演讲中。其实,那些自己真切的感想,虽然质朴却比一味地使用前人的思想论述更能让演讲熠熠生辉。

关于母爱的演讲,从小学到高中甚至到大学都会出现,很多演讲者都愿意在书中找关于母爱的句子来充实自己的演讲,极少数的孩子能讲述出自己心中感受到的母爱。下面是两位不同的演讲者关于母爱的演讲的节选:

第一位演讲者："母爱是温热的太阳,奉献着她的光芒;是辽阔的海洋,袒露着宽广的胸怀;是一片肥沃的土壤,哺育着儿女茁壮地成长!母爱的伟大在于母爱的无私,母爱是困难中的一根拐杖,当你脚步蹒跚时,帮助你找好重心。"

另一位演讲者演讲内容的节选:"我不知道什么是母爱,我只知道小时候每次自己不听话,妈妈就会打我,但是每次打完我,妈妈都会哭。以前妈妈打我我就哭,可是不知道从什么时候开始,妈妈打我我不再哭了,但是看到妈妈哭的时候我反而更想哭。"

第一个关于母爱的演讲文采斐然,可能让人频繁点头给予肯定,但是第二个演讲者讲出了内心真实的感受,更容易触动人心,因为第二个演讲者的语言质朴亲切,更能引起共鸣。

每一个人的感受都是独一无二的,这本身就给演讲的内容增添了独特的价值。我们可以回忆一下,在向他人讲述自己的经历和感想时往往会更加富有激情,由于渴望得到聆听者的认同,我们潜意识里的认真程度也会增加。演讲时也是同样的道理,让"自己"入题往往能更好地抓住听众,取得听众的关注和信赖,进而产生共鸣。

第8章
让谈判对手心服口服

找对话题,降低对手警觉性

知己知彼,百战百胜。想要在谈判中尽快降低对方的警觉性,谈判之前就要做好充分的准备。你最好先了解和判断对方的权限及背景,然后把各种条件及自己准备用来切入的问题等重点简短地写在纸上,在谈判时随时参考,提醒自己。

谈判开始时的话题最好是松弛的、非业务性的,要善于运用环顾左右、迂回入题的策略,给对方足够的心理准备时间,为谈判成功奠定一个良好的基础。

环顾左右、迂回入题的做法很多,下面介绍几种常用且有效的入题方法。

1. 从题外话入题

谈判开始之前,你可以谈谈关于气候的话题。"今天的天气不错。""今年的气候很怪,都三四月了,天气还这么冷。"也可以谈旅游、娱乐活动等,总之,题外话内容丰富,可以信手拈来,不费力气。你可以根据谈判时间和地点,以及双方谈判人员的具体情况,脱口而出,亲切自然,刻意修饰反而会给人一种不自然的感觉。

2. 从"自谦"入题

如果对方为客,来到己方所在地谈判,应该向客人谦虚地表示各方面照顾不周,没有尽好地主之谊,请谅解等;如果你是客人,可以向主人介绍一下自己的经历,说明自己缺乏谈判经验,希望各位多多指教,希望通过这次交流建立友谊等。简单的几句话可以让对方有亲切的感觉,这样对方的心理戒备也会很快被消除。

3. 从介绍己方人员情况入题

在谈判前，简要介绍一下己方人员的经历、学历、年龄和成果等，让对方有个大概的了解，这样既可以缓解紧张的气氛，又可不露锋芒地显示己方的实力，使对方不敢轻举妄动，暗中给对方施加心理压力。

4. 从介绍己方的基本情况入题

谈判开始前，先简略介绍一下己方的生产、经营、财务等基本情况，提供给对方一些必要的资料，以显示己方雄厚的实力和良好的信誉，坚定对方与己方合作的信念。

5. 投石问路巧试探

投石问路是谈判中一种常用的策略，意于在谈判过程中巧妙地试探对方。它常常借助提问的方式来摸索、了解对方的意图以及某些实际情况。

如当你希望对方给出结论时，可以这样提问：

"您想订多少货？"

"您对这种样式感到满意吗？"

……

总之，每一个问题都是一颗探路的石子。你可以通过了解购买数量、付款方式等来了解对方的虚实。面对这种连珠炮式的提问，许多买主不但难以主动出击，而且宁愿多花点钱，也不想疲于回答询问。因此，在谈判过程中，恰到好处地使用"投石问路"的方法，你就会为自己这一方争取到更大的利益。

多用"所以",使对方与你统一战线

为了使讲话的内容充分展开,首先要给对方留下这样的印象,即谈判的对手和自己谈论的是同一个内容。双方在发言中多少有点矛盾时,也应这样对人家说:"我和部长之间只是表达方式和所处的地位不同,其实说的都是一回事。"把话引导到双方共同的目标上来。

相反,如果彼此耿耿于怀,各朝各的方向发表议论,双方在心情上就都会有一种蒙受了损失的感觉,于是便会相互抱怨自己损失的那一部分让对方赚去了。我们并不希望这样,因此必须给对方留下双方是为了共同的利益而坐在一起的印象,本着"我赚,你也赚"的精神进行商谈。

故此,对话中应该尽量避免使用转折连词。使用过多,无论怎么解释都会形成一种相互对立的氛围。即使对方反驳自己,也不能用"但是"来接话。不管人家说些什么,一定要用"所以""正因为如此"等顺接连词来对付。

人际关系的发展不见得那么规范、那么完善。有些表达写进文章里显得文理不通,但在口头对话中往往没有什么异样的感觉。比如有两个女高中生在谈话,你站在客观的立场上听对话感觉有些驴唇不对马嘴,可她们在那么一种特定的气氛里就能一直聊下去。两者之间的谈话不必100%吻合,其中有30%对不上,关系也能够融洽起来。所以,在理论上应当使用转折连词的地方,即使你用了顺接连词,谈话仍然可以继续,内容也没有意外地发生变化。比如对方在指出你的缺点时问道:"这种场合,你应当如何处理?"这时可以回答:"没什么,正在考虑对策。"也可以回答:"所以,正在考虑对策。"两者的意思都讲得通,但以后者为好,因为它给人留下的印象是我们双方都在朝着同一个目标努力。

经过各种考验并能够从跌倒的地方很快地站起来的人，往往善于使用顺接连词。不想心甘情愿地接受对方的意见时仍用"所以"开头把自己的意见坚持讲下去的人，应该说是强者。如果在讲话的过程中，无论受到怎样的攻击也不改变自己的论点，用转折连词来迎接对方的挑战，那么，谈判就在不知不觉之中误入了歧途。

事实上，谈判的最高境界就是让谈判双方走向双赢。谈判就像分"蛋糕"，自己分得一定利益，同时要让对方知道他也能分得"一块"，这样"蛋糕"才能越做越大，你才能在谈判方向上一直占据主导地位。

扼制他，用你嘴说出他的反对意见

把方案带到客商那里去的时候，应当事先就料到对方会提出哪几种反对意见。如果坐到谈判席上，在意想不到的情况下突遭对方的反驳后再支支吾吾地招架，则有失体面。

事先估计到人家会反驳，但只准备一些应答的对策还不够，仍容易被对方打败。在争论中占据上风并不是谈判的根本目的，充其量不过是决定谈判形势的走向。

那么，应当如何对待意料之中的反对意见呢？

当估计对方会予以反驳时，有这样一种对付的办法：在他们还没有说出之前，你让同伴将预料中的反对意见说出来，然后将其否定。

首先与同伴进行磋商，列举几条意想中的反对意见，事先布置好："估计对方会以此为理由攻击我们，你先主动地把这个问题提出来！"在谈判中，当同伴讲出了这个意见以后，你马上指出："不对，这种观点是错误的。"如此这般，将这些反对意见一个一个地击破。同时，你方的几个人之间还可以故意发生争执。这样做不会在对方面前露出什么破绽，反而会在保全对方面子的情况下使其接受你方的方案。

反对意见多种多样，有的可以从理论方面回答，有的无法用语言去解释，只能凭自己的感觉去理解。对方提出的意见可以用道理来说明的部分很好处理，至于那些难以解释的问题，最好还是用内部争吵的方法来解决。比如数落自己的同伴："你总是提出这类问题，什么时候才能有点出息呢？"只有这种语言才能处理好这种反对意见。

坐在谈判席上，总是有意识地将与会者分为说服的一方和被说服的一方，这种想法要不得。对方有3个人，你方也有3个人，我们应当把这看作是与会的6个人正在共同探讨着同一个问题，而不是3比3的对话。

所以，你方的与会人员有时最好也处在相互敌对的关系上。因为如果总是保持一致对外的姿态，对方就会产生一种随时有可能遭到你方攻击的顾虑。把既成的事实强加于人，这是被说服一方最厌恶的一种做法。

当你方内部互相争论的时候，很容易形成一种在场的所有人都在议论的气氛，结论也仿佛是在对方的参与下得出来的。于是在大家的思想中能够形成一种全体参与、共同协商的意识。

但是，若只有你一个人在场的时候又该怎么办呢？

无论事先做过多么周密的准备，一旦到了谈判桌上，仍然会有某种令人感到意外的反对意见出现。这时，你可以把它处理为临出门前曾经听到公司里有人提出过这种意见的情况。这样，当你发觉这种反对意见即将提出的时候，就抢先说道："在公司里谈论这个方案的时候，有个家伙竟然这样说……"这么一来，不管持这种意见的人有没有，都会产生敲山震虎的效果。说完以后，你还要征求对方有什么感想。听你这么一说，只要不是相当自信的人就很难说出"我也是这么想的"这句话。

即使摩拳擦掌准备提出这种反对意见的人，也不愿落得与"这个家伙"相同的下场，所以只得应付说："是啊，这么说可就太奇怪了。"

用这个办法，将对方的反对意见压制住，哪怕只有一次，在以后的谈判过程中对方就不会轻易反驳了。你方大致预料到反对意见的内容时，抢先说："谈到这里，肯定会有个别糊涂虫提出这么一种反对意见……"于是对方唯恐提出不恰当的反对意见，以后被人耻笑为"个别糊涂虫"。

还有一个办法：抢先说出对方从他们自己的立场出发所产生的不安和所要承担的风险。如说："我如果是经理的话，这种事情太可怕了，恐怕不敢瞎说。"或者说："也有出现这种情况的可能，所以我如果站在经理的立场上，也许会想办法回避。"把自己所预料出现风险的可能性间接地表达出来。在达成协议还是谈判破裂的岔路口上，语气再稍微强硬一些也未尝不可："如果站在经理的立场上，我会认为，造成谈判破裂要比被迫接受对方的条件可怕得多。"

无论怎么说，反正不能让对方把反对意见先说出口，这与你方的意见让对方说出令对方感到满足是一样的道理。对方的反对意见从你方嘴里说出来，这样做给人留下了对方反驳的观点你方已经研究透了的印象，就可以不费吹灰之力地将其说服与扼制。

对方不想说话并向你扔出了"我不知道"

谈判是一项双向的交涉活动，双方都在认真地捕捉对方的反应，以随时调整自己的预定方案。有时候，诸如"我不知道"这样的回答在谈判中可能产生极大的效力。其实，"我不知道"是一种不传达信息的传达，因为既然来参加谈判，就不可能对谈判目标不知道。

日本商人偶尔也会运用这种手段，只是他们把"我不知道"改成了"我不懂"，同样能收到很好的说服效果。

三位日本商人代表日本航空公司与美国一家公司的代表谈判，谈判从早上8点开始，进行了两个半小时。美方代表以压倒性的准备资料淹没了日方代表，他们用图表解说、电脑计算、屏幕显示、各式的数据资料来回答日方提出的报价。而在整个过程中，日方代表只是静静地坐在一旁，一句话也没说。终于，美方代表关掉了机器，重新扭亮了灯光，充满信心地问日方代表："意下如何？"一位日方代表斯文有礼，面带微笑地说："我们看不懂。"

美方代表的脸色忽地变得惨白："你说看不懂是什么意思？什么地方不懂？"

另一位日方代表也斯文有礼，微笑着说："都不懂。"

美方代表带着心脏病随时要发作的样子问道："从哪里开始不懂？"

第三位日方代表以同样的方式慢慢地答道："当你把会议室的灯关了之后。"

美方代表松开了领带，喘着气问："你们希望怎么做？"

日方代表同声回答："请你再重复一遍。"

美方代表彻底丧失了信心，试想谁有可能将秩序混乱而又长达两个半小时的介绍重新再来一遍？美国公司终于不惜代价，只求达成协议。

日本商人或许确实不懂，但这种可能性实在太小，素以精明著称的日本商人绝不会如此不了解谈判内容的。"我们看不懂"的真正意思大概就是：我们根本不同意你们的算法。这种说法难道不比直截了当地拒绝更具威力吗?

在谈判中,我们不妨学学日本商人,巧用"我不懂"的策略,或许会收到事半功倍的效果。

此外,在合适的时候,你可以收敛自己的锋芒,"示弱"于对方,以消除对方的排斥感和敌对心理,放松他的警惕性,助长他的同情心,使谈判朝着有利于你的方向发展。你不妨常常把"对不起""我不太理解""你能再说一遍吗?"或者"我全都指望你帮我了"之类的话挂在嘴边。直到对方兴致全无,一筹莫展,完全丧失毅力和耐心。

一般说来,攻击型的人都认定对方会激烈抵抗自己的攻击,所以,一旦对方不加反驳,反而坦白承认自己的错处时,这就会狠狠地挫败攻击者的气势,令他不知如何是好。这就好像一个人运足了全身的力气挥拳向你击来,你不但不还手,反而后退走开,对方那种尴尬的感觉恐怕比挨一顿揍还要难以忍受。

如果业务洽谈陷入僵局完全是由于对方提出不合理的要求,特别是在一些原则性问题上,对方表现得蛮横无理时,我们要做出明确而又坚决的回应。因为这时任何其他替代性方案都将意味着无原则地妥协,而一味地让步往往不是解决问题的好办法,只会增加对方更多的欲望和要求。因此,要据理力争,让对方自知观点难立,这能够让其更清醒地权衡得失,做出相应的让步,从而打破僵局。

先拖时间,再用简短"总结"逆袭

美国的谈判专家柯英,在担任美国某企业的顾问期间,曾被派往日本和某企业进行谈判。

他刚到日本羽田国际机场，发现代表日本企业与他谈判的两名职员已恭候在出口了。他们接过柯英的行李，引导柯英乘上已等候多时的豪华轿车，送其至订好的酒店。日本方面的招待令柯英很高兴，在车上闲聊时，一个日本招待问柯英："您要回去时，我们也会替您准备好到机场的车子，但不知您预订的是哪天的班机？"柯英受到如此礼遇，非常感动，就把回程机票掏出来给日本人看。

此后的几天里，日本方面绝口不提重要的谈判内容，只是招待柯英参观名胜古迹。到了第十二天，即柯英要返程的前两天，才打算谈判，但因为当天柯英想去打高尔夫球，又取消了谈判。第二天，日本企业方面又要替柯英举行欢送会，再次取消谈判。直到最后一天，谈判才正式开始，而刚谈到重要问题时，送柯英去机场的车子到了。于是，双方在去机场的车内完成了谈判。

毫无疑问，日本方面赢了，柯英所取得的谈判结果是不利于美国方面的。

事实上，柯英把回程机票展示给日本人看时，谈判的胜负就已经定了。日本方面把自己要与人谈判的最后时限当作机密，而想办法探知对方预定的最后时限。精明的日本人事前探得对方的行程表，掌握了最佳的谈判时机。

我们知道，在交涉或会谈的时候，越是重要的案子，越是要放在即将结束的时间里，时间越仓促，可考虑的时间越少，对方越被动，也就越容易妥协，最终的结果也就越有利于我方。这种谈判技巧所适用的情况是：知道自己用于谈判的时间，也探知到对方的谈判时间，想办法缩短对方的有效谈判时间，造成对方的被动，这可总结为"知己知彼法"。

利用紧迫的心理影响,在时间即将结束前扭转局面,除了"知己知彼法",还有一种"浑水摸鱼法"。所谓"浑水摸鱼法"就是,在众多人讨论问题疲惫不堪且无头绪时,自己主动对其进行归纳,引导大家在放松警惕时接受自己的意见,从而达到自己的目的。

例如,在生活中,我们可能会遇到这样一种情况:会议漫长、拖拉,讨论几个小时都没有什么实质性的结论。与会者都变得不耐烦起来,开始抱怨、发牢骚。此时,有一个与会者突然站起来说:"各位的意见非常多,但可以总结为以下几点……"其他与会者都很感激他,因为他把冗长的会议给简明扼要地总结了出来,否则,这个烦人的会议还不知道要开到什么时候呢!

然而,当大家回到家里,再重新考虑刚才那个人所说的话,并回忆开会时所讨论的内容,就会发现那个人所"总结"出来的几个要点并不合适,其他的重要问题都被漏掉了。再过几天,人们聊起这件事,都有同感。可见,当时那个发言者的话里藏有玄机。因为,他在与会者经过长久讨论,放松警惕时,通过"总结",让大家帮他实现了自己的目的,真可谓利用了"最好的时机"。

无论是"知己知彼法",还是"浑水摸鱼法",都是利用了最佳时机。这并不是在会议即将结束时仓促行事,而是要利用会议即将结束这一事实给对方造成心理压力,让对方"中招"。掌握时机与条件是谈判过程中重要的技术环节。会议结束前,就是一个扭转局面的最佳时机,这个时机需要把握,也可创造。善于利用这样的策略会对自己有很大的帮助,这不仅可以让对方感到措手不及,从而大大提升了协议达成的概率,更省去了很多与对方唇枪舌剑、讨价还价的时间。

发出"最后通牒",逼服对方

"最后通牒"策略的主要内容是,在谈判桌上给对方一个突然袭击,改变态度,使对手在毫无准备且无法预料的形势下不知所措。比如对方本来认为时间挺宽裕,但突然听到一个要终止谈判的最后期限,而这个谈判成功与否又与自己关系重大,因此不可能不感到手足无措。由于他们很可能在资料、精力、思想、时间上都没有充分准备,因此在经济利益和时间限制的双重驱动下,会不得不屈服,在协议上签字。

美国汽车大王艾柯卡在接管濒临倒闭的克莱斯勒公司后,觉得第一步必须先压低工人工资。他首先降低了高级职员工资的百分之十,自己也从年薪三十六万美元减为十万美元。随后他对工会领导人讲:"十七元一小时的活有的是,二十元一小时的活一件也没有。"

这种强制威吓且毫无策略的话语当然不会奏效,工会当即拒绝了他的要求。双方僵持了一年,始终没有进展。后来艾柯卡心生一计,一天他突然对工会代表们说:"你们这种间断性罢工,使公司无法正常运转。我已跟劳工输出中心通过电话,如果明天上午八点你们还未开工的话,将会有一批人顶替你们的工作。"

工会谈判代表一下傻眼了,他们本想通过再次谈判,从而在工薪问题上取得新的进展,他们也在这方面做了资料和思想上的准备。但没料到,艾柯卡竟会来这么一招!被解聘,意味着他们将失业,这可不是闹着玩的。工会经过短暂的讨论之后,基本上是完全接受了艾柯卡的要求。

艾柯卡经过一年旷日持久的拖延战都未打赢工会,而出其不意的一招竟然奏效了，而且解决得干净利落。

所谓"最后通牒"，常常是在谈判双方争执不下、陷入僵持阶段，对方不愿做出让步以接受交易条件时所采用的一种策略。实践证明，如果一方根据谈判内容限定了时间，发出了最后通牒，另一方就必须考虑是否准备放弃机会，牺牲前面已投入的巨大谈判成本。

在某些关键时刻，"最后通牒"还是大有裨益的。不过，该方法并非屡试不爽，一旦被对方识破机关，"最后通牒"的威力可能会反作用到自己身上来。

所以，发"通牒"一定要注意一些语言上的技巧，要把话说到点子上。

1. 出其不意，提出最后期限，要求谈判者必须语气坚定，不容通融

运用此道，在谈判中首先要语气舒缓，不露声色，在提出最后通牒时要语气坚定，不可使用模棱两可的话语，使对方存有希望，以致不愿签约。因为谈判者一旦对未来存有希望，想象着将来可能会给自己带来更大的利益时，最后就不肯签约。故而，坚定有力、不容通融的语气会替他们下定最后的决心。

2. 提出时间限制时，时间一定要明确、具体

在关键时刻，不可说"明天上午"或"后天下午"之类的话，而应是"明天上午八点钟"或"后天晚上九点钟"等更具体的时间。这样的话会使对方有一种时间逼近的感觉，使之没有心存侥幸的余地。

3. 发出最后通牒言辞要委婉

必须尽可能委婉地发出"最后通牒"。"最后通牒"本身就具有很强的攻击性，如果谈判者再言辞激烈，极度伤害了对方的感情，对方很可能由于一时冲动铤而走险，一下子退出谈判，这对双方均不利。

向对方发出"最后通牒"一定要注意技巧，而且在提出期限和要求的同时，一定要注意语气。最好语气坚定且时间紧迫，使对方几乎没有喘息的机会。

第9章
出来逛,迟早都要买的

拿好你的"敲门砖",先让顾客接受自己

在销售活动中,我们总能看到这样的情况,同样是销售人员,有人说的话很快能得到顾客的认同,而有的人即使说再多的话还是会遭到否定。出现这种情况的原因是什么呢?其实原因很简单,那就是说的话能否被对方接受。显而易见,具有高超说服水平的销售人员总能最迅速、最有效地获得顾客的认同。因为如果一个人连说话的人都不喜欢,又怎么会好好地听这个人说话呢?因此每个人在谈话的时候都应尽量做到让对方喜欢自己,只有这样对方才乐于跟你交谈,并接受你说的话,接受了你说的话才能接受你销售的产品。优秀的销售人员都有这样的经验,先让顾客喜欢上自己,就是他们对顾客的说服方法。

王建经营了一个卖手机的小店,每天都会接待很多的客人。他发现,流失最多的客人是人们认为最难相处的内向型客人。因为内向型的人一般都比较敏感,非常在乎别人怎么看待自己,怕自己会说错话,并为之紧张、为之敏感,用冷漠将自己封闭在孤独的小世界里。但是如果你能用真诚打动他,进入他的内心世界,那他可能比那些外向型的人更好与其做生意。

有一天,一位先生来店里看手机,很多当班的柜台销售人员都主动跟他打招呼,热情地询问他需要什么样的手机。每一次被询问,这位先生都只是说自己随便看看,然后到每个柜台前都是匆匆地浏览一下就迅速离开了。面对这许多销售人员的热情询问,这位先生显得有些窘迫,

脸涨得通红。他转了两圈，觉得没有适合自己的手机，就准备离开了。

这时王建根据经验，判断出该顾客是一个比较内向腼腆的人，并且根据观察，王建断定客户心中肯定已经确定了某一品牌的手机，只是由于款式或者价格等因素，或者是由于被刚才那些销售人员的轮番"轰炸"，有些不知所措而一时失去了主意。

于是，王建很友好地把客户请到自己的柜台前，他温和地说："先生，您是不是看上某款手机，但觉得价格方面不是很合适？如果您喜欢，价格方面可以给您适当的优惠，先到这边来坐吧，这边比较安静，咱再聊聊！"客户看到王建并没有直接给自己推销手机，顿时对王建产生了好感，也愿意跟他谈谈，于是没有拒绝。

王建用闲聊的方式说起自己曾因不善言辞而买手机出丑的事。他说自己是个比较内向的人，开店这几年变化挺大。与客户聊了一些这样的话题以后，客户显然对他产生了一定的信任感，于是在不知不觉中主动向王建透露了自己的真实想法。

王建适时地给他推荐了一款适当的机型，并且在价格上也做出了一定的让步，给了客户一定的实惠。同时王建还给客户留了自己的电话，保证手机没有质量问题。最后，客户终于放心地购买了自己想要的手机。

可以说，王建是非常有经验的销售人员，他通过旁观就能对顾客的性格洞若观火。他很明白，内向的顾客并非难以沟通，他们只是不善表达，用冷漠来保护自己脆弱的自尊。他们可能已经看中了某一商品，但却在价格上有些心疼，更害怕别人会说他们买不起好货，于是只好默默走开。王建用自己充满真诚的话语，让顾客先对他产生了好感，让他们感觉到善意和安全，进而产生信任，甚至是依赖。这就是王建对顾客的说服，也是他成功的关键。

在销售活动中，让顾客先接受自己，很多时候能成为你成功销售的敲门砖。在与他人的交谈中，让对方喜欢上自己，能有效化解谈话双方的隔膜。要想做到让自己被顾客喜欢可以从以下几个方面入手：

1. 攻心为上，攻城为下

兵法有云：攻心为上，攻城为下。只有你得到了客户的心，他才把你当作合作伙伴，当作朋友，这样你的生意才会长久，你的朋友才会越来越多。只有把客户当成了朋友，你的路才会越走越宽；反之，那只是昙花一现。

2. 使用于任何情况下的词语

不要说"我做不到"，而要使用一些肯定的话，如"我将尽力""这不是一个简单的问题"或"我要问一下我的上司"；永远不要说"这是个问题"，而要说"肯定会有办法的"；跟你的顾客说"这是解决问题的办法"，而不要说"要解决问题你必须这样做"；如果客户向你要求一些你根本不可能做到的事情，该怎么办？很简单：从顾客的角度出发，并试着这样说："这不符合我们公司的常规，但让我们尽力去找其他的解决办法。"

3. 你能够给客户提供什么样的服务，请说给客户听，做给客户看

客户不但希望得到你的售前服务，更希望在购买了你的产品之后，能够得到良好的售后服务，如持续不断的节日问候等等。此外，答应客户的事千万不要找借口拖延或不办，比如礼品、发票要及时送出。

4. 表现出你有足够的时间

千万不要在顾客面前表现出你没有时间给他。用一种轻松的语调和耐心的态度对待他，这是让顾客感到满意的最佳方法。即使你不能马上满足他的要求，也要让顾客感受到你对他的重视，这样到最后就算真的帮不到他，他也会很高兴的。

5. 不要在客户面前诋毁别人

纵然竞争对手有这样或者那样的不好，也千万不要在客户面前诋毁别人以抬高自己。这种做法非常愚蠢，往往会使客户产生逆反心理。同时不要说自己公司的坏话，不要在客户面前抱怨公司的种种不是。

6. 与客户交谈时不接电话

销售人员什么都不多就是电话多，不过我们的大部分销售人员都很懂礼貌，在接电话前会形式上请求对方的允许，一般来说对方也会大度地说没问题，但对方在心底还是会泛起"好像电话里的人比我更重要"的想法。所以销售人员在与客户交谈时最好不要接电话。

7. 随身携带记事本

拜访中随手记下时间、地点、客户姓名头衔、客户需求、答应客户要办的事情、下次拜访的时间、自己的工作总结和体会……对销售人员来说这绝对是一个好的工作习惯。当你虔诚地一边做笔记一边听客户说话时，除了能鼓励客户更多地说出他的需求外，一种受到尊重的感觉也在客户心中油然而生，你接下来的销售工作就不可能不顺利。

8. 给予，给予，再给予

一个好的开端是以为顾客提供给予开始的。给予是一种服务、是一种说明——给予顾客他所关心的事物的说明。所以，作为一个成功的销售人员，请牢记永远不要向顾客索取什么，哪怕是一种回答。

销售高手的"独门秘籍"

推销训练大师汤姆·霍普金斯曾说过："顶尖的销售人员在进门的

那一瞬间，就可分辨出来。"这就是心理学中所说的"首因效应"。"首因效应"是指在人际交往中，我们对他人的第一印象。第一印象不管正确与否，总是鲜明、牢固的，它往往左右着对对方的评价。我们在生活中通常根据第一印象将他人归类，然后再根据这一类别系统的特点对此人加以推论、做出判断。通常所说的"先入为主"，便是这个意思。

对任何一名销售人员来说，商品的成交与否很大程度上取决于与客户最初接触的30秒。如果不能在30秒的关键时间内消除客户对你的疑惑、警戒和紧张心理，接受你沟通的提议，那么即使你再努力，也很难让客户接受你的说服，达成交易。

在快速发展的现代社会中，电话作为一种快捷、方便、经济的通信工具，在咨询和购物方面已日益得到普及。因此销售人员在与客户进行电话沟通的时候，开始的30秒就显得尤为重要。下面就是一个非常常见的例子：

小刘是一家公司的推销员，他想要向客户王经理推销公司的新产品，两种不同方式的对话，换来了两种不同的结果。

小刘："不好意思，打扰一下，请问是王经理吗？"

王经理："是的，有什么事？"

小刘："是这样的，王经理，实在不好意思打扰您，我是××旅行公司的小刘，我想请问一下您以前有没有使用过××旅行优惠卡住酒店？"

王经理："什么卡？什么事情？快点说，我还有事要办。"

小刘："非常抱歉，王经理，我们的旅行优惠卡是方便您在全国各地坐飞机、住酒店时享受打折的。"

王经理："我们不需要。"

小刘："没关系，谢谢您，不好意思，打扰您了，再见！"

小刘放下电话，心里一直想不通王经理为什么这样对自己。是自己的原因？还是对方真的很忙？他不甘心，决定换种方式，第二天，结果确实变了。

小刘："您好，请问是王经理吗？"

王经理："是的，什么事？"

小刘："您好，王经理，我是××旅行公司的小刘，今天给您打电话最主要是感谢您对我们公司一直以来的支持，谢谢您！"

王经理："挺好的，这没什么。"

小刘："为答谢老客户对我们公司的支持，我们公司特别推出一种优惠卡，它可以使您在以后的旅行中不管是住酒店还是坐飞机，都有机会享受优惠折扣，相信这张卡一定会为您的旅行带来更多的方便与优惠，您觉得可以考虑一下吗？"

王经理："好的，我可以考虑一下。"

在第一次对话中，小刘被拒绝的原因就是在和王经理交谈的一开始他犯了啰唆的毛病，总问一些无关紧要的事，说了半天，王经理也没听清楚他想表达什么意思，挂断电话就是情理之中的事。在第二次的对话中，小刘变换了对话方式，他在最短的时间内自报家门后，将谈话的重点转移到公司优惠卡给对方带去的好处上，说完这些后问："您觉得可以考虑一下吗？"而不是说："您知道我们这种卡有优惠的功能吗？"正是这样单刀直入式的推销方式，在对话的前30秒就抓住了顾客的心，最终小刘成功实现了说服的目的。

在推销产品时，开始的30秒说什么、怎么说，决定了你对顾客是否能够产生影响，这直接决定了客户最终是否愿意和你达成协议。如果你的开场白没有引起客户的注意，那么以后的谈话也很难再引起客户的兴趣。所以，在见到客户最初的 30 秒内，对自己所说的每一句话、每一个字，甚至是语气和腔调都要仔细推敲。心理学上分析，如果销售人员不能在 30 秒的时间内锁定客户的注意力，客户的精神就会有些发散，如果任由其发展，30 秒后客户就会考虑如何才能让你从这里离开，因为他不想再与你浪费时间。

好的开始是成功的一半，为了给客户留下这"瞬间的辉煌"，实现对客户的成功说服，销售人员就应在与客户见面后的 30 秒内要说的话上下功夫。到底应该怎么说，销售人员可以借鉴以下几个方面：

1. 假设问句开场白

和直接提问式开场白不同的是，假设问句开场白是首先将商品最终能带给客户的好处及利益假设出来，然后再询问客户的意图，借此让客户在你开始进行商品介绍时，就能产生好奇心和等待感，这样你就等于抓住了客户的心，说服并让他接受你的产品也就成了理所当然的事了。

例如："你好，如果我们推出一种理财工具，能够帮助您每月增加 1000 元的利润，请问您有兴趣了解吗？"

使用这种假设问句，客户最直接的反应往往会是："只要真的能增加利润，我就会买。"这样，销售人员只要能证明商品是有效的，客户购买的意愿就会出现。

2. 以赞美开始

每一个人都喜欢别人的赞美，适度地运用赞美，会达到意想不到的说服效果。当然赞美应该是适度的赞美。例如：

"××医生，您好！我看到一篇您关于医药体制改革的分析，很专业，很受启发。"

"××作家，您好！我对您真是慕名已久，在大学读过您好几本书。"

"××经理，您好！很高兴参加贵公司的这次论坛，您昨天的演讲非常精彩。"

3. 提问式开场白

某图书公司的一名销售人员总是以提出问题的方式来接近顾客:"如果我送给您一套有关个人效率的书,您打开书发现内容十分有趣,您会读一读吗?"

"如果您读了之后非常喜欢这套书,您会买吗?"

"如果您没有发现其中的乐趣,您把书重新塞进这个包里给我寄回,行吗?"

这位销售人员的开场白简单明了,使客户几乎找不出说"不"的理由。后来这三个问题被该公司的全体销售人员采用,成为标准的打动顾客的方式。

提问式开场白的重点是提问的内容,销售人员一定要精心提炼,并根据客户的具体情况而定。但无论面对什么样的客户,销售人员都要确保所提的问题或能激起客户的兴趣,或能引起客户的注意力,并尽力做到让客户印象深刻。

例如,"您有没有看过一种破了但不会碎掉的玻璃?"一位销售安全玻璃的业务员问,然后递给客户一把锤子,让客户亲自敲碎玻璃,以此引起客户极大的兴趣。

4. 感激式开场白

在初次见面的时候,你可以这样开始:"××先生,很高兴您能够接见我。我知道您很忙,也非常感谢您在百忙之中能够给我几分钟,我会很简要地说明。"

当你凡事都向人致谢的时候,你就会引起他们的自我肯定心理,并让他们对你心生好感。另外需要注意,不管准客户为你做了些什么,你都要说声"谢谢",这样会让准客户更喜欢你,更尊重你。

5. 建立期待心理式开场白

这种开场白的目的是激起顾客的好奇心与兴趣,并且抓住准客户的全部注意力。你可以这样说:

"您看了我带来的东西后,一定会感谢我的!"

"我给您带来的东西是一套最具行业特征的管理方法!"

"我们公司研发了一套能在3分钟内解决所有公司常见网络故障的程序!"

这种开场白,不管你用哪一句,都会激起对方不自觉的心理反应:"哦?到底是什么?"或是:"是吗?看一下!"假如对方具有一定采购决定权,他会更想了解你的商品。

没什么想买的?唤醒对方的潜在需求

有一位销售大师曾说过:"没有卖不出去的产品,只有卖不出产品的人。"在我们周围,有许多销售人员都会有这样的抱怨:货难卖,钱难赚,顾客心理难捉摸。可是为什么有的商品在一家店里卖得顺风顺水,而在另一家店里就成了无人问津的摆设呢?这告诉我们不是市场没有需求,而是销售人员没有运用一定的销售技巧,唤醒顾客的潜在需求而已。

在销售活动中,销售人员经常会遇到这样一种顾客,他们的消费需求并不明显,不知道自己到底想要购买什么。这时,聪明的销售人员是不会错过任何一次的销售机会的。他们明白对这样的顾客要加以引导,唤醒他们心中潜在的消费需求。

福特是一家电气公司的销售人员。有一天，他来到一个生活比较富裕的村中做考察。

"为什么他们不使用电？"当他经过一家整洁的农家时他不解地向区代表问道。

"他们都是吝啬鬼，别指望卖给他们任何东西。"区代表答道，"他们对电不感兴趣。我已经试过多次，真是无药可救。"

尽管区代表这么说，但不试一试福特仍不甘心，他走过去叩一农家的门。门只开了一条小缝，一位老妇人探出头来。

她一看见福特身上的公司制服，脸上立刻显出很厌烦的神情。福特说："您好，夫人。打搅您了，十分抱歉。我不是来推销东西的，我打算向您买一些鸡蛋。"

她探出头来怀疑地望着福特。

"我曾发现你有一群很好的七彩山鸡，"福特说，"现在我正想买一些新鲜鸡蛋。""你怎么知道我的鸡是七彩山鸡？"她的好奇心似乎被激发起来。"我自己也养鸡，"福特回答说，"而我敢说我从未见过比你这更好的一群七彩山鸡。""那你为什么不用你自己的鸡蛋？"她仍心存疑虑。

"我的来亨鸡下白皮蛋。你是烹调的行家，自然知道在做蛋糕时，白皮蛋不能同红皮蛋相比。为此，我的夫人总在我面前以她所做的蛋糕自豪。"这时，她终于放心地走了出来，态度温和多了。福特环顾四周，发现农场中有一个很好的奶牛棚。

"夫人，"福特接着说，"我可以打赌，用你的鸡赚的钱，一定比你丈夫用奶牛赚的钱还要多。"她听福特如此说更加高兴，但可惜她固执的丈夫并不承认这一点。

在她带福特参观鸡舍的时候，福特留意了几种她十分得意的自造小设备,并向她请教了一些喂养知识,他们在这方面谈了很长时间。

最后,福特说她的几位邻居在她们的鸡舍里装上了电灯,据说效果很好。她征求福特的意见,她是否也应该采取这种办法……

两个星期以后,这位夫人的七彩山鸡终于也见到了灯光,它们在灯光的助长下愉快地成长。福特如愿得到了他的订单,她也能多得鸡蛋。这的确是一个双赢的结局。

案例中的福特就是看出了养鸡老妇人的潜在需求——鸡在灯光中能生长得更好,而希望自己的鸡生长得更好的老妇人的鸡舍里没有灯。福特在老妇人对电气并不感兴趣的情况下没有放弃,而是从买她的鸡蛋入手,与老妇人谈与养鸡有关的事,并用邻居用电气效果好的实例,将养鸡老妇人的潜在需求挖掘出来,最终成功说服了老妇人购买自己的产品。

一般来说,顾客的商品需求分为三类:明确想要的、可要可不要的、想要而不明确的。对于顾客明确想要的商品,销售人员要尽量连带提供;对于顾客可要可不要的商品要晓之以理、动之以利促进购买;而对于顾客想要而不明确的商品,销售人员则要尽可能地给顾客提供信息,让顾客知道他们有这些商品,从而唤醒顾客的潜在需求。

很多店主在做生意的时候,都非常"老实"。顾客想要什么就卖什么给他,并将之当成一种理所当然的习惯。可是另外少数的店主,却在有意识地用换位思考的方式悄悄地挖掘顾客的潜在需求,激发出顾客更多的购买意向。

大林到南京旅游,一天,当他在服装店里选定一条价值100元的领带,准备付款时,店主问他:"您打算穿什么样的西服来配这条领带呢？"

"我想，穿我那件藏青色西服应该很合适。"大林回答说。

"先生，我这儿有一种漂亮的领带正好配您的藏青色西服。"说着，他就抽出了两条标价为150元的领带。

"的确很适合，也很好看。"大林点着头说，并且把挑好的一条领带收了起来。

"再看一看与这些领带相配的衬衣怎么样？"

"我想买一些白色衬衣，可我刚才在那儿却没有找到。"大林指着另一个柜台说。

"那是因为您没有找对地方，办事要找对人，买东西要找对产品，您说是吗？您穿多大号码的衬衣？"

还没有等大林反应过来，店主已经拿出了4件白色衬衣，单价为200元。"先生，感觉一下质地，很不错的，是吧？"

"哦，我的确很想买一些衬衣，但我只想买3件。"

原本只是想买一条100元的领带的大林，在这家服装店店主的精心"伺候"下，100元的生意变成了750元的交易，足足是大林预期购买金额的7.5倍！更为惊人的是，大林提出过异议吗？没有。结果是大林心满意足地离开了商场，而店主也乐得赚了一大笔，可谓皆大欢喜。

很多时候，潜在顾客可能并没有感觉到自己的需要。而案例中的店主最聪明的一点就是，不断地顺藤摸瓜挖掘出顾客的很多潜在需求，并能让顾客感觉到满意——这不是"忽悠"，而是在对顾客心理有把握的基础上不断地唤醒他的潜在需求。其实，在顾客潜在需求被唤醒的过程中，顾客已经被店主说服了。

发现顾客的潜在需求再巧加利用，就能对顾客进行说服，且能唤醒顾客对商品的潜在需求。聪明的销售人员从来都不愁没有市场，他们不仅善于维护好和老顾客的关系，更善于发现、挖掘潜在顾客，并且激发顾客的消费潜能。当然，每个顾客的心理需求和特征都是不一样的。只有吃透了顾客的心理，并进行换位思考，才能真正把需求送到顾客的心坎里，达成交易。

想钓到鱼就要像鱼一样思考

顾客无论是购买产品还是服务，都是为了满足某方面的需求。因此，研究顾客的心理，抓住顾客的真实需求才是成功地打动顾客的关键。要在销售上取得成功，那就要体察顾客最真实的购买需求，针对顾客的消费心理，攻心为上。

然而，在销售活动中，不同的顾客有着不同的心理。因为不同的人心里所想的是不同的，只有领会顾客的心理，你才能对症下药，用符合对方心理的语言去迎合对方的需要，这种说服方法更容易使对方接受。

有个理发师带了个徒弟。徒弟学艺3个月后，这天正式上岗。他给第一位顾客理完发，顾客照镜子说："头发留得太长。"徒弟不语。

师傅在一旁笑着解释："头发长，使你显得含蓄，这叫藏而不露，很符合您的身份。"顾客听罢，高兴而去。

徒弟给第二位顾客理完发，顾客照照镜子说："头发剪得太短。"徒弟无语。

师傅笑着解释:"头发短使您显得精神、朴实、厚道,让人感觉亲切。"顾客听了,欣喜而去。

徒弟给第三位顾客理完发,顾客一边交钱一边笑道:"时间挺长的。"徒弟无语。

师傅笑着解释:"为'首脑'多花点时间很有必要,您没听说'进门苍头秀士,出门白面书生?'"顾客听罢,大笑而去。

徒弟给第四位顾客理完发,顾客一边付款一边笑道:"动作挺利索,20分钟就解决问题。"徒弟不知所措,沉默不语。

师傅笑着抢答:"如今,时间就是金钱,'顶上功夫'速战速决,为您赢得了时间和金钱,您何乐而不为?"顾客听了,欢笑着告辞。

晚上打烊。徒弟怯怯地问师傅:"您为什么处处替我说话?其实,我没一次做对过。"

师傅宽厚地笑道:"呵呵,你做的没有对错之分,只是客人不同罢了。不同的客人有不同的心理啊。我之所以在顾客面前鼓励你,作用有二:对顾客来说,是讨人家喜欢,因为谁都爱听吉言。对你而言,既是鼓励又是鞭策,因为万事开头难,我希望你以后把活做得更加漂亮。"

故事中尽管不同的顾客对徒弟剪的头发多少有些不满意,但最终都是满意而归。原因就在于理发师傅针对不同的顾客,用了符合不同顾客心理的语言,迎合了不同顾客的心理需求,最终实现了对每一个顾客的说服,让每一个顾客都满意而归。

每个顾客的心理需求和特征都是不一样的。只有吃透了顾客的心理并进行换位思考,才能真正把需求送到顾客的心坎里,让顾客接受自己的推销,说服顾客达成交易。一般来讲,我们在经营过程中发现顾客常见的心理主要有以下几种：

1. 求实心理

以追求商品的实际使用价值为主要特征。在这种动机驱使下，他们选购商品时特别注意商品的功能、质量和实际效用，而不会强调商品的品牌、包装等非实用价值。对于这种顾客，我们应该让顾客对商品质量、信誉和实用性等方面有一个踏实的安全感，让顾客觉得这个商品比较靠谱，对他非常适合。

2. 求廉心理

几乎大多数顾客都会追求物美价廉的商品。而实际上，真正物美价廉几乎是不存在的，都是感觉上的物美价廉。这就要求店主在面对求廉心理顾客的时候，想尽一切办法让他觉得便宜，比如给他一个小小的折扣，或者给他一个精美的赠品，这会让顾客十分高兴并愿意购买你的商品。

3. 求美心理

求美心理的顾客讲求的是心理上的赏心悦目，注意点在商品的造型、色彩、包装、艺术欣赏价值，以及对环境的美化作用上，对商品本身的实用价值他们往往会退让一步。这类顾客很多都很追求品位或者是唯美主义者，店主要迎合他们的审美，以独特的眼光帮助他们淘出他们最倾心的商品。

4. 求名心理

这类顾客追求名牌，甚至在购买商品的时候几乎不考虑价格，非名牌不买。持这种心理的顾客对自己的审美欠缺安全感，对非名牌的商品也欠缺安全感。他们一方面对名牌的质量有一种信赖感，同时也希望通过名牌来彰显自己的身份，炫耀自己，并在其中获得满足。针对这种类型的客户，就要求店主的商品一定要迎合顾客对于名牌的需求。

5. 求新心理

这类顾客以追求商品的时尚、新颖、奇特为主要倾向。他们一般都有很重的好奇心，喜欢猎奇、喜欢追赶时尚潮流、喜欢标新立异，不喜欢雷同。这类顾客的钱是很好赚的，因为他们并不注重商品的价格和实用性。只要店主的商品足够吸引他们的眼球，那么银子就会哗啦啦地流入店主的钱袋子里。

6. 求便心理

这类顾客要么十分懒惰，要么时间太紧，要么就是追求效率，他们对商品本身不会太挑剔，但是绝对不能容忍烦琐的手续和长时间的等候，也不喜欢讲价，通常直奔迅速完成交易这个主题。在面对这种类型顾客的时候，店主就不能磨磨蹭蹭的，要跟得上顾客速战速决的心理需求。当然，因为简单，这类顾客的钱也是很好赚的。

7. 疑虑心理

这类顾客在做决定时会有恐惧感，害怕购买后会出现后悔、怀疑、不安等心理压力。这类优柔寡断、游离不定的顾客是最难对付的。店主最需要做的事情就是让他们产生坚定的信心，增加他们对商品的满意度，并巧妙地促使他们一锤定音做出购买决定。

8. 安全心理

这类顾客很缺乏安全感，他们总是把安全保障放在第一位，尤其是像食品、药品、洗涤用品、卫生用品、电器用品和交通工具等生活用品，在他们看来是绝对不能出现任何问题的。他们非常重视食品的保鲜期、药品的副作用、洗涤用品的化学反应……所以店主除了在产品的质量安全方面要有硬性的保障，还要对他们进行明确解说，促使他们下决心购买。

9. 从众心理

这类顾客与那种特别有底气、特别有主见的顾客刚好相反，他们没什么主见，他们的购买行为容易受到群体的引导，喜欢跟大多数人一样。比如购物的时候喜欢到人多的门店，买大家都喜欢买的商品。在面对这类顾客的时候，最好通过各种方式暗示这是大家都信赖的产品。

研究发现，在销售过程中，顾客不仅仅只有一种心理倾向，有时有两种或两种以上，但是在多种心理需求倾向中总有一种起主导作用。

所以，销售人员在接待顾客的过程中一定要注意揣摩顾客的心理需求倾向，尽量满足其心理需求，只有这样才能成功说服顾客，促使商品交易圆满达成。

全面掌控对方心理变化，做个小机灵

毋庸置疑，任何说服都会对人们的心理、思维产生影响，让人们的心理、思维在说服者的影响下发生某种变化。销售说服术也不例外。在销售活动中，要取得说服的成功就要让被说服对象的心理发生变化，这个变化不是一种心理状态到另一种心理状态的直接跳跃，而是通过不断地接受某种观点逐步进入到最终的理想状态。说服的成功是需要一个过程的，在向顾客实施说服的过程中，为了让顾客接受自己的推销，销售人员就需要时刻保持注意力的集中和灵敏性。因为只有在整个过程中全面掌握人们的心理变化，才能时刻将自己的思想灌输到对方脑中。

张小姐想要购买一台空调，这天她来到某家电商场，销售人员小李热情地迎了上来说道："小姐，您好，请问您需要什么？我可以给您帮助。"张小姐答道："我想买一台空调，要性能好一点的，省电、性价比高的。"听了张小姐的要求，小李热情地给她推荐了一款，张小姐看了脸上露出满意的微笑，但在看到价格后，她的脸色变得十分难看。这时，站在一旁的销售人员小李注意到张小姐的脸色变化，知道这位女士应该对空调很感兴趣，不过空调的价格可能令她不太满意，于是小李上前对其说道："小姐，我们的空调采用了最先进的技术，质量绝对有保证，并且与其他牌子的空调相比，我们的商品更省电，用电量只有普通挂式空调的一半，虽然价格略微贵点，但是每个月能为您省下不少电费呢。"

张小姐听完之后，脸色缓和了很多。小李观察到这个变化后继续说道："我们的商品保修期很长，如果您购买了我们的商品，我们将免费为您维修，不收取任何服务费用。其他品牌的空调虽然一般也不要维修费，但是需要付服务费，这服务费也是一笔不小的开支啊！"

听完小李的描述，张小姐略微思索了一下，便决定购买这款空调了。

大家应该注意到，在整个销售过程中，销售人员小李并没有深入地向客户介绍商品优势、核心技术之类的信息，而是在推销的过程中时刻关注客户心理的变化，态度诚恳地介绍此商品是如何省钱，从而对客户进行说服并赢得了客户的信任，最终顺利成交。

顾客的心理是处于不断变化的状态中的，因此要理解顾客在购买过程中的心理变化，并对症下药满足顾客的需求。当然，随时随地地掌握顾客在购买过程中的心理变化并不是人人都能做到的。销售人员需要时刻关注顾客的以下几个方面：

1. **面部表情积极、热情**

如果顾客的嘴角带着浅浅的笑容，看起来很热心，说明他购买商品的可能性很大。如果他注视你的眼睛，用专注的目光与你进行眼神交流，并表现出浓厚的兴趣，说明交易能有一个良好的结果。如果顾客专注地观看产品展示或产品示范，则他很可能要着手购买了。

2. **身体动作积极**

如果顾客坐在椅子的边缘，上身微微前倾，睁大眼睛，表现出一副渴望仔细聆听的样子，而两条腿自然下垂，踮着脚，这说明顾客已经准备签订购买合同或愿意同推销员合作了。这种状态加强了顾客身体和心理的敏感性，充分表现出某种程度的准备购买。如果他甚至开始搓揉双手，就表示他有点迫不及待了。

假如在谈论期间，顾客手部自然伸展，或脱下外套等，则说明他愿意接受你的看法与建议。如果加上温和、愉快的语气，交易成功指日可待。

3. **客户听得多，说得少**

人们面对推销员的时候，如果只是倾听，很少回应，则说明他们陷入了思考，很可能还没有做出最后的决定。此时，要从顾客的想法出发，他考虑最多的应该是商品的功能怎么样、价格是不是实惠，这时，他需要你细致温和地反复解释。因为任何人在购买东西时，都希望从两方面得到满足：一方面是理性上的，即认为产品的确物有所值，性价比高；另一方面是感情上的，即顾客感到自己受到重视，推销员态度真诚，以诚动人。

4. **顾客举棋不定的表情和动作**

如果顾客出现下列表情，则他们可能正举棋不定，或者并没有明确要购买的意愿。

顾客不停地摆弄头发，调整身体的姿势，或者将眼镜从脸上拿下来不停地擦拭。他们的这些类似于暂停的动作，就是在给自己制造思考的时间和机会，就像在说："我需要认真考虑一下。"

顾客用一只手托着下巴，同时轻轻抚摸脸颊、肩膀下垂，这是在思考的表现。

顾客两眼呆滞，没有其他动作，或者眼睛望着某处一动不动、眉毛上皱、说话吞吞吐吐，这是犹豫不决的表现。

如果顾客提出了一些简单的问题，但在你介绍的时候并没有认真听，而是迎合地发出"嗯，啊"的声音，你就不能因他的互动而高兴太早，他很可能是在敷衍你。当让你提供一些材料的时候，他或许还没有对此产品进行考虑，因为很多推销员的说辞都含有水分，他可能是想进一步了解情况再说。

如果顾客把玩商品很久，但是左看右看，眉毛总是皱着，表明顾客还很挑剔，对这件产品心怀不满。

妙用"高价"，让对方乐呵呵当"冤大头"

有句俗语叫作"开门做生意，就高不就低"，创业之始，千万不要给自己定位太低。尤其是给商品定价时，别以为便宜就能大卖，便宜就能吸引顾客，现实往往是越贵的反而越能吸引顾客。

生活中，我们就经常遇到这样的情形：款式、皮质差不多的一双皮鞋，在普通的鞋店卖80元，而在大商场的柜台却卖到几百元，但总有人愿意买。1.66万元的眼镜架、6.88万元的纪念表、168万元的顶级钢琴，这些近乎"天价"的商品，往往也能在市场上走俏。

人们常有一种固执的观念，认为越贵的东西越好，而不管它的质量和价格是否真的成正比例。

在美国亚利桑那州曾发生过一件有趣的事情。一家印第安人开的珠宝店里，老板正为采购到一批脱不了手的绿宝石发愁。虽然是旅游的旺季，但他的绿宝石却总也卖不掉。最后，老板由于急着去外地谈生意，临走的前一天晚上，气急败坏地给售货员留了一张纸条："绿宝石以1/2的价格卖掉。"老板打算亏本清仓。

几天后，老板从外地回来了，发现那批绿宝石已被抢购一空，再查价格，不禁喜出望外。因为那批绿宝石不是以原价的一半销售出去的，而是卖出了两倍的价钱。原来，店员们把老板留下的指令误认为是按1至2倍的价格卖掉。他们都没有想到，价格提高后，购买者反而越来越多，本以为会积压的绿宝石却成了抢手货。

其实这种现象在心理学上叫作"凡勃伦效应"。很多消费者在购买商品时就高不就低，他们常常有一种通过购买高价商品来获得身份认同和显示自己的社会地位的心理。他们购买商品的目的已并不仅仅是为了获得直接的物质满足和享受，更大程度上是为了获得一种心理上的满足。

随着社会经济的发展，人们的消费会随着收入的增加而逐步由追求数量和质量过渡到追求品位格调上来。了解了"凡勃伦效应"，我们可以利用它来探索新的经营策略。比如凭借媒体的宣传，使商品附带上一种高层次的形象，给人以"名贵"和"超凡脱俗"的印象，从而加强消费者对商品的好感。

这种转换在消费者从购买数量、质量阶段过渡到感性购买阶段时，是完全可能的。尤其是在经济比较发达的地区，感性消费已经逐渐成为一种时尚，而只要消费者有能力进行这种感性购买，"凡勃伦效应"就可以被有效地转化为提高市场份额的营销策略。

无往不利的销售魔法——催眠说服

催眠销售是使某人将注意力集中于思考你的产品或者你的服务能给他带来什么的一种方法，只要你能关注他的需求，你就能引导他进入催眠状态。这个将顾客导入催眠状态的过程就是你把顾客说服的过程。其实，几乎所有的销售高手在销售时都会用到催眠的技巧说服顾客达成交易。因为在面对顾客层层的防御、抵触与评判时，唯有快速地与顾客的想法达成共识，才能够使双方之间建立起一种信赖感。交易双方一旦对彼此有了良好的感觉，销售人员再通过强调产品的舒适性和产品的美好体验，激发客户的拥有欲，交易达成就是水到渠成的事情了。

如果你掌握了催眠式说服销售的技巧，你将做到以前做不到的，这不是夸大其词。

事业有成的阳光因为陪客户吃饭喝了不少酒，在回家的途中突然想上厕所，然而附近没有公厕，情急之下，他找到了一个楼盘的售楼中心。解了燃眉之急后，阳光感到很轻松，从卫生间里走出来时，他看到售楼小姐们正温和地看着他，阳光觉得这样就走会很没面子，于是便装模作样地在沙盘旁看了起来。

"先生，您好！"一位售楼小姐微笑着迎了上来，将手中的售楼书呈给了他,并微笑着说:"先生,非常荣幸您能光临我们售楼中心。我们的贵宾休息室就是为了接待像您这样有身份、有地位的客人而专设的,为了表示欢迎,现在请让我带您到贵宾休息区,好吗?在那里您可以点上一根香烟,慢慢再看!"于是阳光就跟随着售楼小姐走了过去,在沙发上坐了下来。"先生,这是我们特意为您冲调的咖啡,请您品尝一下。"这时另外一位售楼小姐走过来,打开了音乐,那轻柔的音乐正是他喜欢的。此时,在舒缓而优美的音乐声中,坐在软绵绵的沙发上,品尝着醇香的咖啡,阳光感到很舒心,这时,售楼小姐对他说:"先生,您刚才已经大概了解了我们的楼盘,现在,能允许我为您介绍一下楼盘的具体情况或个性特点吗?您有什么问题都可以随时问我,我将竭诚为您服务!"

"那就随便介绍一下情况吧。"阳光点了点头,拿起售楼书,看着目录,准备听售楼小姐的介绍,但售楼小姐并没有一上来就介绍环境、户型、面积、车位等硬件情况,而是为阳光勾勒了一幅未来的前景图,小区经过她的描绘后,更像是一幅精心雕琢的迷人图画。

接着,售楼小姐又以同样的方式介绍了物业管理以及开发商的情况,阳光听后非常满意,售楼小姐又说:"先生,在我为您介绍了楼房的具体情况后,现在唯一的疑惑就是您何时开始享受这套房子带给您的舒适,对吗?或者是您还有什么疑问?我会再一次详细地为您解答。

"哦。"阳光站起来,翻了翻手中的售楼书,思考了片刻,然后交付了足够的定金,购买了这套房子,坐车离去。

案例中的售楼小姐其实就是采用了催眠式说服销售方式对阳光催眠了,而阳光的购房经历正是一次被销售人员催眠说服的过程。他原本只是想去售楼中心上一下厕所,却在售楼小姐的说服下买了一套价值不菲的房子。原来，人生无时无刻不在销售，人生无时无刻不在催眠，人生无时无刻不在说服。

催眠式说服销售，不是去操纵和控制你的目标客户，而是确保目标客户能够准确、完整地接收到你所要传达给他们的销售信息。当你的销售信息与客户的需要相符时，他们就会群情振奋地把全部的注意力转向你，从而接受你的产品，进而产生购买的行为，这就是催眠销售的实质。

1. 催眠式说服销售的具体步骤

（1）了解你的目标客户现在相信什么，需要什么，在追求什么，也就是他们现在的状态。

（2）认同他们相信的内容，然后与他们达成共鸣，并让他们的感觉深化，变得强烈，也就是在催眠中亲善友好地拉近彼此的距离，建立一种信赖感。

（3）把他们相信的内容导入你所提供的产品或服务中，并介绍产品固有的特殊性能，也就是引导其进入新的催眠状态。

当你在给别人描绘一幅憧憬中的画卷时，你就是在将他引入浪漫的催眠过程中。人们愿意从他们喜欢的人那里买东西，人们喜欢面对他们感兴趣的人。如果你真的想要得到对方的喜爱、信任与认同，那么就要对他表现出你确实是被他的话语、行动或者财富等打动了，并通过赞美、认同或惊叹的语言来表达你此时的内心感受。

2. 如何了解你的目标客户现在所处的催眠状态

（1）向你的目标客户详述一件发生在你身上的克服困难的经历，这是一个很奏效的技巧，它往往能拉近你和客户之间的距离。

（2）利用简单的信号帮助自己把注意力集中到客户的真实意图上，例如对方讲的故事，他们的抱怨以及他们提出的问题，等等。仔细琢磨客户的用意，并相应地找到最佳答案，让客户得到满意的解答。

（3）尽可能在与潜在的客户谈话之前阅读相关的资料，做到胸有成竹，对答如流。

（4）用自问自答的方式来练习，考虑到多个问题的出现。

（5）提一些比较特殊但不过分的问题，训练自己的应变能力。

3．如何使对方进入销售的催眠状态

（1）取得对方的信任与好感，这也是销售的前提。

（2）最容易让对方放松警惕的问题是："你闲暇之余会做些什么来放松自己呢？"得知答案之后，你就可以将关注的焦点集中于对方所关注的问题及兴趣爱好上，而不是你自己的问题或者兴趣爱好上，一切要以客户的感受为上。

（3）举一些能够调动人的情感的例子，这些内容能够使人们从先入为主的状态中走出来，进入一个新的状态——"催眠购买"之中，这样可以加深客户的信任感。

（4）尽可能地减少对方的批评的想法，让顾客觉得非常满意，很少注意到瑕疵问题。

（5）讲故事和使用暗喻，是使客户被催眠购买的必经之路，因为这会潜移默化地影响人。需要注意的是，这个故事必须是根据具体情况量身定做，不可有过于夸张的成分。

人们通常会沉浸在你所讲的故事里，你描述的细节越多，听者也就越容易置身于你讲的故事里，就像亲自见到故事主人公一样。这就是要引起客户使用产品时的感觉。

（6）想要实现催眠销售的前提就是：从你的利己主义中走出来，并走进客户的利己主义中。你这样做得越好，客户越觉得你贴心，你就会越接近客户，越能正确、快速地创造催眠销售的成功。

（7）你应该将"广告"这个词语从你的词汇表中彻底删掉。相反，你在与潜在客户进行交谈或者给他们写信的时候，心中应该想着"你确实会得到……"。要尽可能将客户模糊的幻想变得具体。

4. 怎样应对抗拒型客户

（1）无论客户说什么或者做什么，那都是他们自由表达观点的合理的方式。你不能急躁，要始终坚持微笑以对。

（2）你必须要接受他们的观点，并且要能够用他们的观点反过来作为销售工具，让他们在无形中接受你的观点。

（3）你必须要真诚地赞同他们的观点。这就需要注意几个问题：不要试图说服他们不该做某事，不要和他们争论，接受他们现在的观点，并且认为那确实是正确的。当你倾听的时候，你应该以一种平静温和的心态来看待对方，并把客户当时的心态作为你之后进行销售的一种有力的工具，在潜移默化中使客户明白更有利于他的一面。

比起从市场上或销售人员那里买东西，从朋友那里买东西更容易被人们接受，所以，记住一句话：做客户的朋友。当面对抗拒型的客户时，比起与他们争论，赞同对方才是更明智的策略。因为人们更喜欢从自己喜欢的、尊敬的、熟悉的和信任的人那里购买产品，而不想有种被强制购买或者买后心里不舒服的感觉。

（4）快速引起对方注意。十秒钟就可以吸引对方的注意的方法之一就是赞同对方，让对方有种被尊重的感觉。

（5）一个非常经典的问题："你想选择……还是想选择……"围绕一个中心列出不同选项，让客户有选择的余地。

5. 当你想开展销售行动的时候不妨问自己几个问题：

（1）认真地考虑如何开头了吗？客户听后是否会感觉满面春风？

（2）将对方关心的问题都列出来了吗？

（3）为客户提供切实可行的解决方案了吗？让客户心里踏实了吗？

（4）能唤起对方的行动吗？能彻底催眠说服对方吗？

（5）能将有可能说服客户的所有有价值的诉求点用一句话表述出来吗？能让客户很快地接受吗？

（6）对他以及他的欲望有准确了解了吗？对人性的基本了解是必要的，因为说服行为通常也都是以最基本的欲望为基础的。只有在满足客户欲望的基础上才能真正达到销售的目的。

第 10 章
好工作需要好口才

面试官的挑战

求职面试时，面试官经常设下圈套，以判断求职者的心理素质、反应能力等，如果稍有不慎，就会落入圈套，以致全盘皆输。那么常见的陷阱问题有：

1. 压力问题

在求职面试时，有些主考官会故意提出一些问题，让你处于不利的境况。如果回答得好你就可以顺利通过面试，否则只有失败的份儿。那么我们一起看看下面这个例子：

在一次公务员面试中，考官对一位少女考生非常满意。最后，一位考官对她说："你是一个很漂亮的女孩，但是我们发现你脸上有不少雀斑，你觉得这会对你的面试有影响吗？"面对这种故意设置的压力问题，该女孩的回答非常精彩：

"我是来报考公务员的，今天主要考察的应该是能力，我想各位老师坐在这里也肯定是为国家选人才而不是选美女，如果各位是来选美女的，我想我不合适，但如果是选人才，我相信自己是栋梁之材。"

女孩非常自信，没有因为被问及自己的缺点而丧失信心，相反，回答得有理有据，没有正面回答缺点对面试是否有影响，而是从另外一个角度进行阐述，把问题交给考官，任其选择，获得成功。因此，当被问及自身缺点时，不要慌张。回答时可以扬长避短，突出自身优势，降低缺点的影响。

2. 刁钻问题

在面试时，经常会碰到一些刁钻问题，如果按一板一眼的方式回答，很容易让自己处于劣势，这时你不妨以刁制刁。有些问题过于刁钻，而且实在无法回答，不妨反问对方，可能会起到意想不到的效果。不过，切记要保持微笑，以礼待人，因为考官只是在考察你的应变能力而非真的刁难你。

面对陷阱问题，应聘者就需要有一颗洞察"问题"的慧心。首先，确认考官考察的重点所在，招聘职位从长远角度看需要哪些技能和素质。其次，要考量应聘公司的行业背景。最后，当然也要揣摩考官的喜好。

避开问题的锋芒

折中可以说是一门艺术，是祖先智者留下的一颗智慧结晶，是为人处世各个方面都可以适当运用的生存立世之道。所谓折中术，就是采取一个巧妙的方法将划分左右的界限模糊掉。

日本住友银行招聘公关人员时，极为重视应聘人员协调人际关系的才能。该银行没有专门考核应聘者的业务知识，而是提出了一道别出心裁的问题："当国家的利益和住友银行的利益发生冲突时，阁下采取何种对策？"

三类不同的应聘者对问题的回答迥然不同。

第一类人回答:"当国家利益跟我们银行利益发生冲突时,我会坚定地站在我们银行的立场上。"

银行主管人员认为,这样的人将来准会捅娄子,不能聘用。

第二类人回答:"当国家利益和住友银行利益发生冲突时,我作为国家的一员,应该坚决保护国家的利益。"

银行主管人员认为,第二类人员适合政府部门的工作,也不可取。

第三类人则回答说:"当国家利益和银行利益发生矛盾时,我要尽全力淡化矛盾。"

银行主管人员认为第三类人才是住友银行需要的高手。企业同政府的关系往往集中表现在国家利益和企业利益上,企业公关人员作为企业与公众之间的媒介,只有注重社会整体的协调性,善于采取圆融战术,才有可能妥善处理好企业与国家的关系。其实,在面试中折中回答问题,就是避开问题锋芒,不要表明你对任何一个方面的倾向,所有的回答都要为求职这个目的而服务。

听出弦外之音

"你能说一说离开原单位的原因吗?"这类问题在面试时经常会被问及,考官能从中获得很多有关你的信息。对下面一些原因就要慎之又慎了,否则,很有可能使你的面试陷入僵局。

一、人际关系的复杂

现代企业讲求团队精神,要求所有成员都有与别人合作的能力,你对人际关系的胆怯和避讳，会让人认为你心理状况不佳，处于忧郁、焦躁、孤独的心境之中，从而妨碍了你的事业发展。

二、工作压力太大

在这个快节奏的现代社会，无论是在企业内部还是在同行业之间，竞争都很激烈。竞争使员工处于高强度的工作压力之下。如果你动不动就说，在原单位工作压力太大，很难适应，很可能让现在的招聘单位对你失去信心。

三、竞争过于激烈

随着市场化程度的提高，无论是在企业内部还是在同行业之间，竞争都日益激烈，都需要员工很快适应，在这种环境下干好本职工作。

四、换行业的意愿

你可以从几个方面来说，一方面是自己的专业基础（假如你是学计算机的），例如会计事务所其实很欢迎工科的学生，因为他们对数字很敏感，曾经的工作经验、社会活动、个人感受，可以说明你对这个职位的了解；另一方面告诉考官你的性格，正是这样的性格适合这份工作；此外，再把你的兴趣与工作联系起来就使这个回答更加圆满了。

在上述几个慎重回答的重点中，我们推荐尽量采用与工作能力关系不大、能为人所理解和接受的原因，如不符合职业生涯规划；住处离公司太远不方便上班，影响工作效率；生病离职等。

不要漫天要价

求职面试时难免要谈起薪酬。一个人的薪酬是与其能力、作用、表现和贡献等息息相关的,在用人单位尚未了解你上述情况时,开价过高,难以被用人单位接受;开价过低,吃亏的又是自己。

怎样与用人单位协商薪酬?你必须首先应该知道以下几点:

1. 除非用人单位已经明确表态要用你,否则不要讨论薪酬;
2. 切勿盲目主动提出希望得到的薪酬数目;
3. 尽可能从言谈中了解用人单位给你的薪酬是固定的还是有协商余地的;
4. 面试前设法了解该行业薪酬福利和职位空缺的情况。

在协商过程中,如果用人单位要你开价,可告诉其一个薪酬幅度。如其一定要你说出个明确数目,可问其愿意付多少,再衡量一下自己能否接受。

为减少讨价还价的盲目性,可到其他同类公司询问职位空缺的情况和大概的薪酬标准,以便自己心中有数。同时别忘了,福利也是你应得的报酬,如医疗保险、公积金、带薪休假和年底分红等。

工作谈判不能像其他谈判那样,一味设法提高向对方开出的条件,而对方就只顾压低你的价钱。把原来和谐的气氛弄成敌对的局面,这对你实在没有好处。

我们可以讨论自己的才能、经验,要求老板让你多承担一点责任,甚至把职位提高,这样就有机会将福利提高。即使没法调升职位,但是工作范围扩大了,公司多付薪水给你,也不过是补偿你额外的工作,亦不会因任何一方吃亏而令谈判中断。

如果受公司预算限制,甚至比你现有或以往的薪水还要少,只要你认定这是一份理想工作,不妨暂时不谈薪水。待对方认定你是最佳人选,再尝试以职位及工作为由,多要求些福利津贴。

打破沉默，拒绝冷场

在面试过程中，冷场常常出现在谈话双方都没有激情的情况下，所以要用你的激情保证整个面试过程的活跃和热烈。这样，面试才会更容易成功。

王建在一家公司待了3年，积累了一些经验，想换个环境，找一家新的单位。在网上投出简历不久，就有一家公司通知他去面试。

面对面前的5个考官，王建虽然身经百战，也还是手心冒汗。开始的时候他们轮番轰炸，你一言我一语，问了很多有关专业的问题和他对这个工作的认识。过了几分钟，4位考官有事出去了，只剩下一个人提问。到后来，这仅剩的一位考官问题越来越少，最终沉默下来。屋里从一片吵闹到寂静，双方都感到很不习惯，只好低下头做些小动作。

王建看了看表，距离面试结束还有5分钟，如果就此沉默下去，自己这份工作肯定要砸锅。于是，他从一个被动回答者变为主动者，抬起头来对考官说道："我听说这个公司开始的时候只是给人家做一些中介生意，经过老板和员工们的努力，几年时间就发展成了一个拥有200多人的大公司，看来公司有一种非常好的企业精神。"

听到王建打破沉默的这句话，考官重重地点点头说："是啊。"原来他就是开始和老总一起创业的6个人之一，听到王建谈起公司的企业精神，马上来了精神，和王建很愉快地又聊了15分钟。临走的时候，他对王建说："你很不错，等好消息吧。"

第二天王建就接到电话，他被录取了。

正是因为王建打破了沉默,所以他最终被录取。在很多面试场合,有的应试者不善打破沉默,他们出于种种顾虑,不愿主动说话,只等待面试官打开话匣,结果使面试出现冷场。但是,面试过程中的交流应该是互动的,应试者应善于寻找合适的话题打破沉默,不管这种沉默是无意的还是考官有意设置的,这是一种自信的表现,也是一种能力。

第 11 章
不会说话还想升职加薪？

学会汇报工作,提升能力

在现代企业管理中,下级向上级汇报工作是再常见不过的了,特别是对那些经常要与领导打交道的员工或下属来说,在每一项领导所交办的工作完成之后,向领导进行必要的工作汇报,更是必不可少的业务程序。

原则上说,只要是领导直接交办或委托他人交办的工作,无论大事小事,无论工作的结果是否圆满,均应向领导如实汇报。

从管理的角度看,领导准确地掌握下属总结的工作材料,有利于及时掌握工作进度及管理运行状况。对于员工和下属而言,如能掌握相应的汇报工作技巧,不仅有利于其自身素质的提高,而且会进一步改善其在领导心目中的形象。

汇报工作,不能太简单,也不能太啰唆,关键是要说到点子上,没有哪一个上司会喜欢啰啰唆唆而又政绩平平的汇报者。汇报工作有时采取书面汇报,有时采取口头汇报,不管是采取书面的形式,还是当面口头汇报的形式,需要掌握的具有共性的技巧有四个方面:

1. 理清思路

你在向领导汇报工作之前,应冷静地对工作过程进行反思。至于先说什么、后说什么,哪些问题简略地叙述、哪些问题详细地说明,都必须理出一个比较清晰的思路来。如果对待一个问题你自己都没有比较完整、比较清晰的思路,那么,你是无法或难以说服别人的。

在向领导汇报工作之前,特别是在向领导汇报那些重大问题之前,必须先打腹稿，即先在脑海中把要汇报的问题以提纲的形式列出一个分条目的小标题，记在心中，在汇报时逐条道来。当然，你也可以把这些提纲写在小本子上，作为向领导汇报工作时的备忘录。

2. 突出重点

任何一项工作都有重点，即在任何工作程序中各个环节的轻重缓急都是不同的。把握重点，常常意味着抓住了工作的要害，而这些要害问题又往往关系着企业和领导事业的大局或重大利益。所以，领导听你的汇报，或看你的汇报材料，他关心的根本问题，就是你对工作中的重点问题的处理结果如何。在具体操作时，你应掌握俗语所讲的"事不过三"的原则，即在一般情况下员工或下属向上司或领导汇报工作时，每次交谈的重点事项、关键问题，只谈一个或一件，最多不要超过三个或三件。

也许我们身边有很多这样的上级，他们在总结工作或提出指示时，一般情况下总是讲"三条内容"或提"三点建议"，"希望大家从三方面去做好工作"。事实证明，那些把问题、意见或指示归纳为三条，而加以罗列的领导人，大多都比较干练，且办事效率相当高。尽管这不是绝对的现象，却是一个有趣的现象。

所以，从一定意义上讲，善于掌握重点，突出重点，并把重点问题向领导描述清楚，不仅是一个方法和技巧问题，更是一个素养和能力问题。

3. 删繁就简

无论是做口头汇报，还是做书面汇报，你都必须注意删繁就简的问题，因为它不仅是技巧，更是原则。

所谓删繁就简，就是要把一切不必要的话语从汇报中予以删除，否则就会出现两种不利的影响：一是让人感觉你思维混乱、思路不清、不知所云；二是让人感觉你文风不正，似有哗众取宠之嫌。更何况还有"话多有失"的时候。删繁就简,与其说是一种技巧,不如说是一种原则。

4. 恭请领导评点

当你向领导汇报完工作之后,不可以马上一走了事。聪明人的做法是:主动恭请领导对自己的工作汇报予以评点。

通常而论,领导对于下属的工作总结大多都会有一个评断,不同的是有一些评断他可能公开讲出来,而另一些评断他则可能保留在心里。事实上,那些保留在心里的评断,有时却是最重要的评断,对此,你决不能大意。反之,你应该以真诚的态度去征求领导的意见,让领导把心里话讲出来。

对于领导诚恳的评点,即便是逆耳之言,你也应以认真的精神、负责的态度去细心反思。因为,领导之所以能够站在领导的位置上,他肯定在很多方面或某些方面有着强于你的优点。

领导对你进行诚恳的评点,无疑是把他的聪明智慧无偿地奉献给你,你何不乐而接受呢?同时,也只有那些能够虚心接受领导评点的员工和下属,才能够再一次被领导委以重任。那些经常与领导打交道的员工和下属,如能掌握上述汇报工作的技巧,必定能不断提高工作能力和文化品位,同时也会受到领导的信任与赏识,如此一来,升职加薪自然是少不了的。

陈述升职或加薪的理由要充分

对大多数职场中人来说,获得升职加薪即使不是唯一的目的,也是至关重要的。关于这个问题,如果我们采取消极等待的措施,恐怕不知道要等到何年何月。如果我们直接去找上司提出升职加薪的要求，往往会感到极度尴尬和紧张，不知如何说服上司，甚至还有可能职位没有升，却把上司得罪了。在要求升职加薪的时候，我们陈述升职或者加薪的理由要充分，在面见上司时，你要做的准备工作有以下两点。

1. 尽情表功

如果你的工作表现在整个单位内算得上是中等水平，且并没拥有其他工作机会，此时，在上司面前亮出你的功高，运用"尽情表功法"或许最为适当。

在运用这种方法前，你应先将过去一段时期内你所做成的最有意义和最不寻常的工作开列一张清单，然后正式谒见上司，非常诚恳地提出你的要求。和上司面谈的时候，你可以按照清单的次序叙述你一系列的优异工作表现以及由此给公司带来的巨大利益，促使他当场做出良好而有效的评价。只要他没有消极性的评价，你接下去所提出的升职加薪的要求便有可能被接纳。

2. 超过上司的期望

在工作中，如果你完成的每一项工作都达到了上司的要求，那么很好，你可以称得上是一名称职的员工，你不会失业，或许还可以得到升职加薪的机会。但是，你可能永远无法给上司留下深刻的印象，永远无法成为上司的重点培养对象，也永远无法在公司中达到你事业的顶点，永远不会实现持续的升职加薪。只有超过上司对你的期望，你才能使他的眼睛一亮，才能让他在遇到一些高难度工作的时候想起你，给你一个锻炼的机会，为你的升职加薪创造一个个宝贵的契机。

当你和一批新员工一同跨入公司时，上司对每个人的期望都是一样的。这时有些人达不到上司的要求，大部分人刚能达到上司的要求，只有极少数人能超过上司的要求。那些不能达到要求的人将很快被淘汰，大部分人将继续自己平淡的工作,而那极少数人将会被单独叫进上司的办公室,上司会在正常工作之外给他们分配一些具有挑战性的工作。随着上司对他们的期望越来越高,给他们的机会就会越来越多,他们也能在这种环境中迅速成长,他们的地位也就会越来越高,薪水就会持续上涨。

要想升职加薪,就要学会在领导面前推销自己。推销自己并不是一味地在人前人后表现自己。表现,是一个人刻意地将自身的优点暴露给别人看,目的是使别人从内心里佩服他,所以说话办事时常常会表现出一种高屋建瓴的姿态,在与那些不如他的人交往时,有时会趾高气扬、不可一世。这往往会让人觉得这个人太高傲、太看不起人了。若是在领导跟前也这样表现,就是不会把握时机,不会推销自己。

向领导邀功请赏的两大技巧

职场上,很多下属努力工作后,"领赏"时却发现"酬劳"远不如"付出",但碍于颜面和心理因素的影响,又不敢跟领导邀功请赏。

其实,大可不必如此,只要掌握了技巧,向领导邀功请赏并不会遭到对方的反感。

丁香是一家公司的经理助理,长期以来,她一直勤勤恳恳地工作,因而得到了经理的信任和赏识。一开始,丁香还很高兴,但时间一长她发现,经理只是在口头上对她进行赞赏,却没什么实质性的表现,比如加薪等。丁香认为再这样下去,自己的工作积极性迟早会被消磨掉的。但怎样才能向经理提出加薪的请求呢?丁香思考了一阵子,终于找到了方法。

这天,丁香所在的部门完成了一个重大的项目,其中丁香付出了很多努力。在项目的庆功宴上,丁香看到经理心情不错,于是走过去和她闲聊道:"经理,这次的项目多亏了您的指导,才能这么快顺利完成,您真是我们的领头羊。"

经理笑着说:"丁香,你这回也付出不少啊。"

丁香趁机说:"是啊,这次的项目是我们公司的重点项目,为了它我可是连着通宵了好几个晚上,总算是没有白努力。不过,很可惜,我错过了和家里人出去度假的机会……"

经理听了丁香的话,思考片刻后说:"丁香,现在部门工作比较繁忙,实在不能给你提供假期,这样吧,鉴于你这次的突出贡献,我会让财务给你调整薪水的,你就先安心工作吧。"

听了这句话,丁香笑着说:"谢谢经理,我会继续努力的。"

趁着项目完成的关键时刻,丁香适时表达了自己的想法,最终取得了加薪的胜利。身处当今职场的人,也应该学会这招,在适当的时机跟你的领导"邀功请赏"。

当然,"邀功请赏"也要把握好分寸,不能让自己"太吃亏了",也不能要求太多,引起领导的反感。以下两点可供参考。

第一,不争小利。

不要为蝇头小利而去和领导争辩,这只会有害无益。要在话语间显示出你对小利的不在乎,这会让你在领导心目中形成"甘于吃亏""会吃亏"的好印象,在小利上要坚持以忍让为先。

第二,夸大困难,并允许领导打折扣。

有时你把困难说小了,领导可能给你记功小,给你的好处也少。因此,要学会充分"发掘"困难,善于向领导说出你面临的困难,要求利益时可以放得大些,比你实际想得到的多一些,给领导留一些"余地"。

此外,在向领导请赏过程中,一定要按"值"论价,等价交换。假如你拉到十万元赞助费或为单位创利一百万元,你要按事先谈好的"提成"比例索取报酬,不能扩大要求,也不要让领导削减对你的奖励。

出差时更适合跟领导谈谈"薪"

当上司要你跟随他出差办公事,除了要替他想想是否有遗漏的物件或材料,考虑他的实施方案是什么,还可以谈谈平时比较难开口的薪酬问题。因为出差过程中只有老板和你两个人,在这种亦公亦私的氛围中,不妨将谈"薪"变得轻松点。

汪莉莉来公司一年多了,工作很勤奋认真,表现不错,在公司也比较受老总们的嘉许。汪莉莉也是很中意自己的本职工作,虽说表扬嘉许都有,但是公司的上层对她就是缺点实质性的鼓励,比如说加薪。汪莉莉也因为自己的资历不够,不敢随便开口。碰巧上周汪莉莉和经理出差,在见完客户、谈完一笔订单之后,汪莉莉见经理心情愉悦,刚开口说自己的薪酬问题,就被经理挡回来了,汪莉莉当即有点后悔并且有点尴尬,然后汪莉莉也就不提了。过了一段时间,经理在路上指着一个路人的皮包说:"这个包蛮别致的,不知在哪儿买的。""是啊。看着质感就不错,而且很显气质,"汪莉莉回答说,"尤其适合像经理这样的成功女性。"汪莉莉心里也急,但是没有再提薪酬的事情。隔天,汪莉莉就把一个同样款式的皮包送到了经理的办公室。"经理，我昨天去参加客户的发布会，人家给了个商场的消费卡，我到商场一看，正好有这个款式的皮包，就帮您选了一个，您看喜不喜欢？"经理站起身说："不行不行，你留着自己用吧。"汪莉莉连忙说："难得您看中一件东西，说真的，您的眼光就是和别人不一样。再说没您的照顾，我哪有机会参加那个发布会啊！"

与老板出差可以谈谈"薪"，在曲线救"薪"没有效果的情况下，也要像汪莉莉一样少安毋躁，适时透露自己的需求。如果遭到拒绝，注意千万不要纠缠，可以适时地吹捧领导，像汪莉莉这种言行并举的溜须者，怎能不让上司喜笑颜开？对这么懂事的下属，上司当然另眼相看了，讨到上司欢心之后，谈"薪"也不迟。

此外，借出差之机与领导提加薪也是需要注意技巧的。

首先，谈加薪的时候要注意说话技巧。一定用委婉的话语表达自己的意愿，口气尽量平和稳重，不要气急败坏，也不要直接提出加薪要求，否则容易让领导反感，觉得你并不喜欢这份工作，只是为了钱而勉强为之，这把你自己逼到了一个不利的境地。还有就是谈加薪时要鼓足勇气一谈到底，不要因为领导的迟疑或疑问就放弃。

其次，挑选最好的时机谈加薪。如果你每逢出差都必与领导讨价还价提要求，领导很容易感觉你在借出差不断逼迫他，这样麻烦、不懂事的下属谁愿意要呢？一旦找到能胜任这份工作的新人选，你很可能就此被打入冷宫，更糟的是你甚至会被认为工作不积极而被踢出局。

要相信，领导身经百战，只要你开口，他就能对你的目的猜到七八分。婉转地说些让领导听起来比较舒服的话，再选好时机，往往会给加薪带来较大的成功率。

谈"薪"不伤感情

拼搏在职场,薪水无疑是每个人都会关心的话题。

下属经常会发出这样的感慨:同样的学历背景,不相上下的工作能力,为什么两个人的薪资水平却相差如此之大?

当你的薪水一直未得到调整,一直低于其他同事时,你也许会在心里暗暗掂量着自己是否拥有加薪的筹码,是否该主动和领导谈谈加薪的问题,万一加薪不成反而让老板对自己有不好的看法怎么办?

怎样谈"薪"不伤感情呢?

1. 开门见山地向领导提出加薪请求

下属表达愿望要明确,切忌拐弯抹角。既然决定提了,就不要思前想后,犹豫不决。下属要用最直接、最明白的方式表达你的加薪想法。

洪雨毕业于复旦大学,现在一家香港大公司任职。毕业时,她的工作地点是上海,和当地消费水平相比,月薪算是很高了。但今年她被调到了香港总部,和香港同行相比,薪水就显得较低了,所以洪雨萌生了要求加薪的想法。恰逢本年度业绩评估报告出炉,洪雨的业绩表现处于中上等,她决定抓住这个机会和领导谈谈。

在谈话中,洪雨开门见山,直接表达了想要加薪的愿望。领导微笑着问她:"你准备怎样说服我?"洪雨摊开面前的第一份资料,上面记载着她进入公司以来的优秀表现和重大业绩。一一陈述完毕,洪雨又打开一份自己自进入公司以来的工资变动曲线图。图表清晰地表明,洪雨的工资涨幅一直不大,明显低于同行水平。

同时,洪雨强调说,来到香港后,自己又拿到了MBA学位,工作能力大有提高，薪水理应上一个台阶。领导听罢，爽快地说："公司将继续观察你一段时间，如果你的确在工作中表现出了比以前更强的能力，可以考虑加薪。"

此后不久，洪雨的加薪愿望就实现了。

2. 和领导谈"薪"要屡败屡战

下属与领导谈"薪"，不会是一帆风顺的。所以下属要抱着屡败屡战的心态，坚持与领导谈"薪"。同时注意一定的方式方法，让领导在你的坚持下最终满足你的要求。

谢云曾经数次和领导谈论加薪的问题，都被领导用这样或那样的理由给抵挡了回来。有些人遇到他这样的问题，肯定不再抱希望了，要么跳槽，要么无奈地安于现状。其实，谈加薪的时候要有底气，在追求利润最大化的情况下，公司会节约一切开支，但要知道加薪是你的正当权益，不是乞讨。

所以，谢云的办法就是屡败屡战，只要不提过分的要求，基本上最后都是能成功的。

领导不答应你的加薪请求，请先别垂头丧气，别急着想掉头就走，不妨当场讨教领导"到底怎样才能达到加薪的要求"，若领导能真凭实据地列举出你有待改进的地方，那你就谨记在心，及时加以改进以作为下次谈判的筹码。

3. 谈"薪"的同时向领导表达忠诚

你的目的是加薪，而不是走人，所以无论谈"薪"成不成功，都要含蓄地表达出对领导和公司的忠诚，不要用辞职来威胁领导，除非你的确已经找好了下家。

4. 找直接领导解决问题

直接领导是对你的工作绩效、工作能力最有发言权的人之一。直接找他谈加薪要求不仅能更好地表达自己的意图,还可以避免麻烦。要知道,每个领导都不喜欢下属越级打报告。

5. 谈工资的百分比

如果你的工资基数高,在谈加薪时最好谈百分比;如果工资额不大,可以谈加薪的具体数额。

下属在与领导谈"薪"时不妨运用以上几个技巧,成功让领导满足你的加薪请求。

不想当将军的士兵不是好士兵。要想出人头地,首先要让领导"注意"你,而后才有可能"重视"你。晋升之路通过领导实现,有"野心"的你千万不要太默默无闻了,一定要选择合适的时机"秀"出自己,只有敢"秀",才会成功。

第12章
自古深情留不住,总是套路得人心

利用"登门槛效应"提请求

心理学中有一个"登门槛效应",指一个人一旦先接受了他人一个微不足道的要求,为使自己的形象看起来不自相矛盾,在心理惯性的支配下,就有可能接受他人更高的要求,哪怕是原本不愿接受的要求。

曾有社会心理学家做过一个经典而又有趣的实验,他们派了两个大学生去访问加利福尼亚州郊区的家庭主妇。

实验过程是这样的:首先,其中一个大学生先登门拜访一组家庭主妇,请求她们帮一个小忙——在一个呼吁安全驾驶的请愿书上签名。这是一个社会公益事件,每年死在车轮底下的人不知道有多少!不就是签个字吗,太容易了。于是绝大部分家庭主妇都很合作地在请愿书上签了名,只有少数人以"我很忙"为借口拒绝了这个要求。接着,在两周之后,另一个大学生再次挨家挨户地去访问那些家庭主妇。不过,这次他除了拜访第一个大学生拜访过的家庭主妇之外,还拜访了另外一组家庭主妇。与上一次的任务不同,这个大学生访问时还背着一个呼吁安全驾驶的大招牌,请求家庭主妇们在两周内把它竖立在她们各自院子的草坪上。这是个又大又难看的招牌,与周围的环境很不协调。按照一般的经验,这个有点过分的要求很可能被这些家庭主妇拒绝。毕竟,这个大学生与她们素昧平生,要求她们帮这么大的忙,真的有些难为她们。

实验结果是:第二组家庭主妇中,只有17%的人接受了该项要求,而第一组家庭主妇中,则有55%的人接受了这项要求,远远超过第二组。

对此，心理学家的解释是，人们都希望给别人留下前后一致的好印象。为了保证这种印象的一致性，人们有时会做一些理智上难以解释的事情。在上面的实验中，答应了第一个请求的家庭主妇表现出了乐于合作的特点。当她们面对第二个更大的请求时，为了保持自己在他人眼中乐于助人的形象，她们只能同意在自家院子里竖一块难看的招牌。

这个实验告诉我们，一个人一旦接受了他人的一个小要求，为了保持原有形象，他就会在此基础上接受另一个更高的要求。这样逐步提高要求，就可以有效地达到预期的目的。心理学家把这种对别人提出一个大要求之前，先提出一个别人很容易接受的小要求，从而使别人对进一步的较大的要求更容易接受的现象称为"登门槛效应"。

为什么会发生"登门槛效应"呢？

当你对别人提出一个貌似"微不足道"的要求时，对方往往很难拒绝，因为拒绝似乎显得"不近人情"。而一旦接受了这个要求，就仿佛跨进了一道心理上的门槛，很难再有抽身后退的可能。因为当再次向他们提出一个更高的要求时，这个要求就和前一个要求有了顺承关系，在这种情况下，比乍一上来就提出比较高的要求，更容易被人接受。

日常生活中有许多利用"登门槛效应"的例子。比如一个推销员，当他可以敲开门跟顾客进行交谈时，他就已经取得了一个小小的成功。此时，如果他能够说服顾客买一件小东西，那么当他再提出进一步的要求时，就很可能也会被满足。这是为什么呢？因为那位顾客之前答应了一个要求，为了前后保持一致，他的确会有较大可能性接受进一步的要求。男士在追求自己心仪的女孩时，也并不是"一步到位"提出要与对方共度一生的，而是通过看电影、吃饭、游玩等小要求来逐步达到目的的。

有的孩子问妈妈，可不可以吃颗糖果？当妈妈答应他的时候，他可能会提出进一步的要求，那可不可以喝一小杯果汁呢？妈妈通常是会答应的。

这个心理效应给我们的启示是，在人际交往中，当我们要提出一个比较大的要求时，可以不直接提出，因为这个时候很容易被拒绝。你可以先提出一个较小的要求，一旦对方答应，再提出那个较大的要求，这样就会有更大的被接受的可能。

托人办事就这样套近乎

托人办事之前首先要通过语言拉近和对方的距离，俗称"套近乎"，也叫"名片效应"或"认同术"。套近乎是交际中与陌生人、尊长、上司等沟通情感的有效方式。

外交史上有一则轶事：一位日本议员去见当时的埃及总统纳赛尔，由于两人的性格、经历、生活情趣、政治抱负相差甚远，总统对这位日本议员不大感兴趣。日本议员为了不辱使命，搞好与埃及当局的关系，最后决定以套近乎的方式打动纳赛尔，从而达到会谈的目的，下面是双方的谈话：

议员：阁下，尼罗河与纳赛尔，在我们日本是妇孺皆知的。我与其称阁下为总统，不如称您为上校吧，因为我也曾是军人，也和您一样，跟英国人打过仗。

纳赛尔：唔……

议员：我读过阁下的《革命哲学》，书里无处不透露出您的实力，且充满幽默感。

纳赛尔：（十分兴奋）呵，我所写的那本书，是在革命之后，用了三个月匆匆写成的。你说得对，我除了实力之外，还注重人情味。

议员：对呀！我们军人也需要人情味。阿拉伯人现在为独立而战，正是为了防卫，如同我在马来西亚作战时用短刀自卫一样。

纳赛尔：（大喜）阁下说得真好，以后欢迎你每年来一次。

此时，日本议员顺势转入正题，开始谈两国的关系与贸易，并愉快地合影留念。日本人的套近乎策略产生了奇效。

在这段会谈一开始，日本人就把总统称作上校，降了对方不少级别，但在军人出身，崇尚武力，并获得独立战争胜利的纳赛尔听来，却颇有荣耀感；接下来，日本人又以读过他的《革命哲学》，称赞他的实力与人情味，并进一步称赞了阿拉伯战争的正义性。这不但准确地刺激了纳赛尔的"兴奋点"，而且百分之百地迎合了他的口味，使日本人的话收到了预想的奇效。日本议员先运用寻找共同点的办法使纳赛尔从"不感兴趣"到"十分兴奋"而至"大喜"，可见日本人套近乎的功夫不浅。

这位日本议员的成功，给了我们一个重要启示，套近乎是交际中与陌生人、尊长、上司等沟通情感的有效方式。套近乎不能打无准备之仗，要言之有物，有准备地套近乎才能套得扎实、套得牢靠。

用寒暄打开话题闸门

要想求人办事，就要消除对方的抵制心理。消除对方抵制心理的方法是迂回提出自己的请求，触龙是这方面的高手。

公元前265年，赵国的赵太后刚执政不久，秦国便发兵前来进攻。赵国求救于齐国，齐国提出必须以赵太后的小儿子长安君做人质才肯发兵相救。但是赵太后舍不得小儿子，坚决不允。

有一天，左师触龙要面见赵太后，赵太后觉得触龙是为了劝谏而来，想给触龙好看。可触龙却说："老臣的脚有毛病，行走不便，因此好久未能来见您，我担心太后的玉体，今天特地来看望。最近您过得如何？饭量没有减少吧？"

太后答道："我每天都喝粥。"赵太后听触龙不提人质的事，怒气也渐渐消了。而后，触龙向赵太后请求道："我的小儿子叫舒祺，最不成才，可是我偏偏最疼爱这个小儿子，恳求太后允许他到宫中当一名卫士。"太后赶紧问触龙："他几岁了？"触龙答："十五岁。他年岁虽小，可是我想趁我在世时，赶紧将他托付给您。"

赵太后说："真想不到你们男人也疼爱小儿子呀！"触龙说："恐怕比你们女人还更甚呢！"太后不服气地说："不会吧，还是女人更爱小儿子。"

触龙见时机已到，于是把话题引申一步，说道："老臣认为您爱小儿子爱得不够，远不如您爱女儿那样深。"太后不同意触龙的这个说法。

触龙解释道："父母爱孩子，必须为孩子做长远的打算。想当初，您送女儿远嫁燕国时，您日夜祈祷，并希望她永远不要返国。您为她想得这样长远，这才是真正的爱。"

太后信服地点了点头。触龙接着说："您如今虽然赐给长安君许多土地、珠宝，但若不使他有功于赵国，您百年之后，长安君能自立吗？所以我说，您对长安君不是真的爱护。"

触龙这番话说得赵太后心服口服，立即同意让长安君做人质，赵国之围遂解。

触龙说服赵太后的方法，就是先寒暄再提出请求的方法。所以，在有求于人时，要想办法消除对方的抵制情绪。这样，对方才能心甘情愿地给你施以援手。

求人帮忙，从满足对方优越感开始

人们往往喜欢表现得比别人强，或者努力证明自己是有特殊才干的人。一个真正有能力的领袖是不会自吹自擂的，所谓"自谦则人愈服，自夸则人必疑"就是这个道理。

美国著名政治家帕金斯30岁那年就任芝加哥大学校长，因为他过于年轻，所以有人怀疑他是否能胜任大学校长的职位。他知道后只说了一句："一个30岁的人所知道的是那么少，需要依赖他的助手兼代理校长的地方是那么多。"就这短短的一句话，使那些原来怀疑他的人一下子放心了。

求人办事，能感动别人来帮助你再好不过了。但要感动别人，就得从他们的需求入手。你必须明白，要一个人帮你做事情，唯一有效的方法就是他自己情愿。

说服别人帮你最基本的要点之一，就是巧妙地诱导对方的心理或感情，以使对方就范。总是强调自己的优点，企图使自己占上风，会招致对方的反感。所以，应该先点破自己的缺点或错误，使对方产生优越感。

另外，赞美是博取好感和维系好感最有效的方法。它是促进人继续努力卖命的最强烈的兴奋剂,这是由人性的本能所决定的。因此,要想在办事儿时求人顺利,首先就要澄清自我的主观意识,养成随时都能赞美别人的习惯,这样就会比较容易达到目的。比如你说:"这件事一定得求你帮忙。"就不如说:"你一向乐于助人,这件事我想你一定会帮我办好的。"前者只是一般的请求,而后者在请求之中,还带有一种赞美之情和充分的信赖感。在一般情况下,人家也就不好拒绝了。

小黄是某所的高级工程师,和妻子两地分居10多年了,钱花了很多,礼也送了不少,可妻子就是调不过来。

这事搞得小黄精疲力竭,但又无可奈何。此时,对他妻子调动工作起关键作用的某局又换局长了,小黄听说这位新局长能急人之所急,为群众办实事,于是他便先了解了几个例子,然后登门拜访。

他一开始没谈自己此行的目的,而是先赞美这位新局长,举例说了他做的比较突出的政绩,称赞他是真正为人民做实事的公仆。新局长也很谦虚,说:"哪里,哪里,他们的确有困难,有的已经分居好几年了,就是调不到一起,我只是做了我应该做的事。"

到了这个关口,小黄就提出了自己的问题:"局长,我也有点小事需要麻烦您。我和妻子已经两地分居10多年了,一直没能调到一起,我听大家都在说您的政绩,心中仰慕,就特地来请您帮帮忙。"接着小黄介绍了一下自己的情况,局长让他回去静候佳音。果然,一纸调令到手,小黄终于全家团聚。

在这个事例中,小黄是有求于人的,他所求的正是这位局长的分内之事,并且这位局长也因之声名远扬。小黄首先对局长进行吹捧,使局长在兴头上轻松地帮他解决了长期悬而未决的问题。求别人帮忙,只知道诉苦、激发别人的同情心，是远远不够的。

求人办事时，就得找一个合适的话题，怎样才能做到这一点呢？最好的方法就是能找准对方的爱好，投其所好地说话。找准时机，适当地吹捧能够给办事人带来更好的心情，办事自然也就容易成功；反之，不投其所好只会招来对方的厌恶，给自己要办的事带来很多麻烦。

用适当的话语引起对方的心理共鸣

人与人之间，本来有许多地方是相同的，但是要使彼此发生真正的共鸣，需要一定的说话技巧。

在开始交流时最好先避开对方的忌讳，从对方感兴趣的话题谈起，不要太早暴露自己的意图。让对方一步步地赞同你的想法，当对方跟着你走完一段路程时，便会不自觉地认同你的观点。

伽利略年轻时就立下雄心壮志，要在科学研究方面有所成就，他希望得到父亲的支持和帮助。

一天，他对父亲说："父亲，我想问您一件事，是什么促成了您同母亲的婚事？"

"我看上她了。"父亲答道。

伽利略又问："那您有没有娶过别的女人？"

"没有，孩子。家里的人要我娶一位富有的女士，可我只钟情于你的母亲，她从前可是一位风姿绰约的姑娘。"

伽利略说："您说得一点儿也没错。她现在依然风韵犹存。您不曾娶过别的女人，因为您爱的是她。您知道，我现在也面临着同样的处境。除了科学以外，我不可能选择别的职业，因为我喜爱的正是科学。别的对我而言毫无用途，也毫无吸引力！难道要我去追求财富、追求荣誉？科学是我唯一的需要，我对它的爱有如对一位美貌女子的倾慕。"

父亲说："像倾慕女子那样？你怎么会这样说呢？"

伽利略说："一点儿也没错。亲爱的父亲，我已经18岁了。别的学生，哪怕是最穷的学生，都已想到自己的婚事，可是我从没想过那方面的事。我不曾与人相爱，我想今后也不会。别的人都想寻求一位标致的姑娘作为终身伴侣，而我只愿与科学为伴。"

父亲似乎有所感悟，但始终没有说话，仔细地听着。

伽利略继续说："亲爱的父亲，您有才干，但没有勇气，而我却兼而有之。为什么您不能帮助我实现自己的愿望呢？我一定会成为一位杰出的学者，获得教授身份。我能够以此为生，而且比别人生活得更好。"

说到这，父亲为难地说："可我没有钱供你上学。"

"父亲，您听我说，很多穷学生都可以领取奖学金，这钱是公爵给的。我也可以去领一份奖学金。您在佛罗伦萨有那么多朋友，和他们的交情也都不错，他们一定会尽力帮忙的。他们只需去问一问公爵的老师奥斯蒂罗·利希就行了，他了解我，知道我的能力……"

父亲被说动了："嗯，你说得有理，这是个好主意。"

伽利略抓住父亲的手，激动地说："我求求您，父亲，求您想个法子，尽力而为。我向您表示感激之情的唯一方式，就是……就是保证成为一个伟大的科学家……"

伽利略最终说服了父亲，他实现了自己的理想，成了一位西方历史上著名的科学家。

这里，伽利略采用的就是"心理共鸣"的说服方法。心理共鸣说服法一般可分为以下四个阶段：

心理共鸣说服法的四个阶段

导入阶段。先顾左右而言他，以对方当时的心情来体会现在的心情。伽利略先请父亲回忆和母亲恋爱时的情形，引起了父亲的兴趣。

转接阶段。逐渐转移话题，引入正题。伽利略巧妙地把话题转到自己身上："我现在也面临着同样的处境。"

正题阶段。提出自己的建议和想法。伽利略提出"我只愿与科学为伴"，这正是他要说服父亲的主题。

结束阶段。明确提出要求。

为了使对方容易接受，最后还可以向对方指出这样做的好处。伽利略正是这样做的。他的话使他达到了自己的目的，为最终实现自己的理想奠定了基础。

请将不如激将

俗话说："请将不如激将。"为了让对方动摇或改变原来的立场和态度，可以利用一些略带贬损意义的、不太公正的话给对方罩上一顶"帽子"，而对方一旦被罩上这顶帽子，就会被激起一种极力维护自我良好形象的欲望，从而用语言或行动表明自己不是这样，自动地去改变原来的立场和态度。

我们先来看一个历史故事。

唐天祐年间，叛臣朱全忠用计诱骗五路兵马反叛驻守太原的唐晋王李克用。叛军中有一员猛将高思继异常勇猛，善用飞刀，百步取人首级，后来被李存孝生擒。李存孝本想留他在帐前听用，可高思继却执意要回山东老家过田园生活，从此改恶从善。后来，李存孝被奸臣康君立、李存信所害。朱全忠闻李存孝已死，又发兵来犯，其帐前将军王彦章不仅勇猛盖世，而且智谋过人。晋王将士皆哑然相对，无人请战。晋王见状，痛哭一场，养子李嗣源说道："昔日降将高思继闲居于山东郓州，何不请他迎敌？"晋王闻言大喜，遂命李嗣源前往山东求将。

李嗣源来到山东郓州，直奔高家庄寻高思继。提起前事，高思继说道："自勇南公存孝擒我，饶了性命，回到老家，'苦身三顷地'，与世无争，今已数年，早把兵家争战之事置之身外。今日相见，别谈这些。"李嗣源见高思继已无出山之意，于是在心里暗暗琢磨良策。自古道：文官言之，武将激之。对高将军好言相求，难以奏效，必须巧用激将之法，激其就范。于是，李嗣源编出一通谎言，说道："各路诸侯，皆闻将军之名，如雷贯耳，称美不已。我与王彦章交兵败下阵来，我对王彦章说：'今日赶我，不足为奇，你如是好汉，且暂时停战。我知道山东浑铁枪白马高思继，盖世英雄，有万夫莫当之勇，待我请来，与你对敌。'王彦章见我阵前夸耀将军，愤然大叫：'就此停战，待你去请他来，不来便罢，若到我这宝鸡山来，看我不把他剁成肉酱！'"高思继本是勇武之人，生性直爽豪放，经此一说，不禁激得心头火起，口中生烟，大叫家丁："快备白龙马来，待我去生擒此贼！"遂披挂上马，辞家出山，向宝鸡山飞驰而去。

　　高思继和李嗣源快马加鞭，日夜兼程，赶到唐营，不但晋王喜出望外，三军将士亦是异常振奋。第二天，王彦章又来挑战，晋王引高思继出马迎战，高思继与王彦章厮杀起来，连斗三百回合，难分胜负，直战到天黑。双方见天色已晚，才鸣金收兵。这次虽战个平手，但却是唐军出师以来第一次没战败，军威大振，信心大增，个个摩拳擦掌，准备来日再战。

　　高思继本来已经决心弃武从耕，安度田园生活。李家虽对他有再生之恩，但正面动员其出山，他仍以"与世无争"相拒。但当李嗣源借用谎言激他时，他却毅然披挂上马，重返战场，一斗就是三百回合。可见，激将确是游说的一个重要手段。

　　激将法往往能够使对方冲动地去做一些他在平常情况下，请求他或同他商量也不会去做的事。激将者还可以激起对手的愤怒感、羞耻感、自尊感、嫉妒感或羡慕感，等等，这样，被求者在激动之中来不及考虑太多就会答应下来，并会动用他所有的关系，尽力帮你把事办好，以显示其能力。

告诉对方"你很重要"

　　许多事业上卓有成就的人，都是因为懂得驭人之术才取得的成功。而驭人之术中最重要的一点就是：让别人感到自己很重要。因为每个人都想获得来自他人的尊重，得到别人的重视。

罗斯福就很擅长运用这条驭人之术。只要是去牡蛎湾拜访过罗斯福的人，无不为他所折服。不管对方从事多么重要或卑微的工作，也不管对方有着多么显赫或低下的地位，罗斯福和他们的谈话总能进行得非常顺利。原来每当他要接见某人时，他都会利用前一天晚上的时间仔细研读对方的个人资料，以充分了解对方的兴趣所在，从而让对方感觉到自己被重视了。这样精心准备怎能不使会面皆大欢喜呢！

贵为总统尚且如此，我们普通人还有什么做不到的呢？

那么，在什么时候、什么地方才能让对方感受到他的重要呢？答案是：随时随地都可以。一些客气的话实际上就表达了你对别人的重视，"谢谢你""请问""麻烦你"，诸如此类的细节，很容易就会让对方感受到他正在被尊重、被重视。

很多人，尤其是身居上位者，极易产生一种高高在上之感，极易用一种俯视的心态去面对他人，仿佛他人只是他们实践理想的"棋子"。在通常情况下，人们内心所想的东西，即使不用嘴说，也会被对方觉察、体会到。同样的，如果我们怀着一颗真诚的心去肯定对方，对方也会同样从内心感激你，用心回报你，直至将你所交代的事情做到完美为止。

正如美国著名企业家杰克·韦尔奇所说："天下最易使人颓丧不振、冲劲全失的就是来自上级主管的批评、责骂。"抛开那些伤人的话语，而以各种各样的方式告诉他"你很重要"，受到肯定的人自然会在尊重与肯定下以诚相待，全力以赴帮忙。

第13章
见招拆招,无惧"鸿门宴"

请客吃饭,好理由"打头阵"

中国有句古话叫"无功不受禄"。因此,在任何时候,请别人吃饭一定都要找个合适的理由,以此拉近人与人之间的关系,提高办事的成功率。如果对方能欣然赴宴,那么求他办的事也就等于成功了一半。也就是说,用好理由"打头阵",往往能促成一次成功的饭局应酬。

刘强是刚毕业的大学生,初入职场的他和办公室里元老级的同事总有些不合拍,连科长都说他有些木讷。办公室里的同事总能找到理由请客,科长也时不时欣然前往。因而刘强更加被孤立,虽然他也在寻找请客的理由,以期拉近和大家的关系。

刘强没有女朋友,生日也还有半年多的时间,他实在找不到可以宴请大家的理由,又怕落个"马屁精"的"雅号"。这天,刘强在路边的饭厅吃午餐,看到对面有个福利彩票销售点,很多人排着队在买彩票。刘强灵光一闪,顿时想到一个好办法。

从那天起,刘强开始买彩票,还有意无意将买来的彩票遗忘在办公桌上。刘强买彩票的消息,在同事间不胫而走。还没等大家把这个消息炒成办公室最热门话题,刘强一天早上郑重地宣布自己获得了两万元的一个奖。下班了,同事和科长被请进了饭店,酒足饭饱后,刘强从大家的眼神里看到了认可和友好的神情。

从此以后,他也渐渐融入了办公室这个大集体,就连他以后结婚分房的事，也是科长和同事鼎力相助的结果。而这一切都要得益于那次虚拟的"中奖"。

俗话说，"吃人家的嘴短"，很多人都明白这个道理，所以不是你请客别人就会去赴约。有时候，即使你真诚邀约，并且不需要对方花一分钱，他们也往往会想办法拒绝，因为他们深知"天下没有白吃的晚餐"，这一餐饭他们迟早得以其他的方式买单。所以，宴请别人之前一定要找个好理由，理由找好了，才能说服对方欣然赴宴，你的目的才有可能达成。

请客吃饭时，要想堵住别人拒绝的口，可以采用以下几种宴请方式。

1. 开门见山式

例如，当你想邀请上级领导吃饭时，可以直接说："请问是徐经理吗？我们现在在某某酒楼吃饭，过来认识几个朋友吧，我们等你来啊。"这种方式自然亲切。

2. 借花献佛式

例如，"陈经理！今天公布获奖名单，我中奖了！天上掉下来的财要散一散才好啊，走，我们去庆祝庆祝！"然后在酒宴上再提自己求他所办之事，那时候他的酒都喝了，哪好意思不帮你？

3. 喧宾夺主式

例如，"张先生，你中午没有时间啊？没有关系，这样吧，下午我去订个位置，然后晚上你带上你的家人，我们再一起去吃怎么样？晚上我给你电话！"这样发出的邀请，别人就很难再找借口推辞了。你也就有了接近对方、求其办事的机会。

自古以来，请客吃饭都不像家常便饭那般朴素无欲，其背后往往潜藏着宴请者巨大的利益追求，更多的是一种排场、一种面子、一种投资、一种手段，是"天下没有白吃的晚餐"的最真实写照。而如何做好这场饭局，成功网罗住"大鱼"，一个好理由"打头阵"是绝对不可少的，大家在现实生活中可适当选用上述理由，以助饭局顺利。

巧妙说出宴会致辞

宴会致辞是宴会里的一项重要内容，祝酒词说得好不好，会直接影响整个宴会的气氛，它的主要功效是活跃大家喝酒的气氛，让每一杯酒都喝得有缘由。宴会致辞是技术活，需要把握一定的技巧。

1. 围绕一个主题

一旦开始祝酒，就不要离题，要沿着一个主题，保持一个完整的结构，逐步趋向一个明快、自信的邀请，让每个人都举起酒杯，还要把你所祝愿的那个人（或那些人）的名字准确无误地牢牢地记在脑子里。主题可以着眼于被祝愿的人的成就或品质、一件事情的重要意义、伙伴们的乐事、个人的成长或集体工作的益处，等等。

2. 尽可能地表现出文采

适当地引用诗词、典故，能使讲话更有感染力。

1984年，缅甸总统吴山友访问上海，当时的上海市长在祝酒词中引用了陈毅元帅《赠缅甸友人》中的诗句："我住江之头，君住江之尾，彼此情无限，共饮一江水。"大家都知道中缅只有一江之隔，两岸人民共饮一江水。话语亲切，表达了中缅两国人民之间的情谊，外宾十分高兴。

3. 比喻可以使祝酒词生动形象

例如，两校建立校际关系，其中一方致辞说："过去，我们的交往只是一条小路；现在，却是一条宽敞的大道。我相信，我们的友谊和交往一定会成为一条高速公路。"这一连串的比喻，言辞贴切，恰到好处地说出了他内心的祝愿，赢得了大家一致的掌声。

4. 适时进行联想

在祝酒时如能就地取材进行联想，就可以产生出乎意料的好效果，使人生发出许多美好的想象，从而达到使人愉悦、使人振奋的目的。例如你端起一瓶矿泉水，在不同的情况下可以引起不同的联想，运用不同的词语。

在朋友的聚会上你可以说："俗话说，如鱼得水，这瓶矿泉水使我想起我们的友谊。鱼儿离不开水啊，正因为有了深厚的友谊，才使我们顺利地在艰苦的生活中成长起来。现在我们又一起回到了家乡，更是如鱼得水。相信我们的友谊将会与日俱增。我建议为友谊干杯！"

在宴会上致辞时，一定要把握好一个主题，不能扯东道西，同时要富有文采，不能是干巴巴的语句，还有就是一定要会联想，争取每吐一口都是莲花。

那些"搞事情"的祝酒词

在宴会上，下属要让领导把酒喝得顺理成章，喝得快乐，巧妙的祝酒词可是起到了举足轻重的作用。敬酒时不只需要一个好的理由，巧妙的祝酒词也是很重要的。如果下属没有合适的祝酒词增添色彩，那敬酒、祝酒跟一个人喝闷酒又有什么区别呢？

下属一番精彩的祝酒词能让在场的领导开怀大笑，兴致勃勃，敬酒可以创造出一个个小高潮；一番好听的祝酒词也能让领导心情舒畅，酒也才能喝得兴高采烈。如果是一番说得不当的祝酒词，就算领导喝了你的酒，也会在心里颇有微词。

说祝酒词通常都是为了营造一种轻松的气氛，所以下属要说得喜气洋洋，多说几句客套话，让领导听起来感觉花样百出。比如最常听到的"感情深、一口闷"之类的祝酒词，语言简洁，又不失幽默。祝酒词也可以是祝领导身体健康、家庭幸福等这样的话，这种直抒胸臆的祝酒词虽然简单，却饱含情意。

不同场合，下属对领导说的祝酒词也会有所不同。

下属在餐桌上给领导祝酒，可以渲染吃饭时的气氛。此时的祝酒词不宜太长，最好是说出感受。

在正式场合，通常会有一位酒司仪，如果没有，组委会主席会在就餐开始、结束前，致必要的祝酒词。在不太正式的场合，下属可以在葡萄酒和香槟酒上来之后，就开始祝酒。

在宴会进行的过程中，宾主双方出于礼貌会以礼祝酒。这种祝酒方式的特点是彬彬有礼。以有礼貌的方式祝酒，往往让人无法回绝。特别是主人的盛情配之以有准备的热情洋溢的语言，的确令人无法拒绝。

酒场如战场，酒场即商场。觥筹交错间，下属若能巧妙祝酒，不但能锦上添花，而且还能与领导拉近关系，赢得领导的好感。

劝酒有分寸，无心莫强求

《诗经·小雅·楚茨》中有"以为酒食，以享以祀，以妥以侑，以介景福"的诗句。侑，就是劝食的意思，诗句的本义是唯恐受享者没有吃饱，故而劝饮劝食。

下属与领导同赴宴会时，劝领导多饮几杯酒的做法，一方面表达了你的真诚，希望领导喝好喝够，同时也可以活跃酒宴的气氛，为饮酒者助兴。但不知从什么时候起，劝酒"劝"过了头，竟然带有"强迫"之意，甚至以灌醉对方为乐。

现代社会中也是一样，在酒桌上往往会遇到劝酒的现象，有的人总喜欢把酒场当战场，想方设法让别人多喝几杯，认为不喝到量就是不实在。"以酒论英雄"，对于酒量大的人还可以，酒量小的人可就犯难了，有时过分地劝酒，会使原有的下属与领导的感情完全破裂，当然就更不利于求人办事了。

因此，在劝酒时下属要讲究分寸。劝酒固然可以摆出一百个理由，非要让对方喝下这杯酒不可，但是这只会让对方对你反感而已。即使对方很能喝酒，如果只是一味地劝酒，也失去了喝酒的意义。因为喝酒并不是为了把对方劝醉，它只是联络感情的方式，最主要的是双方都要喝得开心。

所以，酒还是要劝的，至于该怎么劝、怎样劝才合适，就需要好好斟酌了。下属有时可以适度地赞美一下领导，或是通过强调一下场合的重要等方法来劝酒，但还是要因人而异，适度劝酒、切勿强求。这其中要注意以下三点。

1.因人而异，对于不能喝的领导，不要过于强求；对于能喝却不愿喝的领导，也不能强逼。

2.摸清对方的脾性。有的领导天生清高，只想和他自己看得起的人喝酒，有时候你不小心得罪了他，就算磨破嘴皮，他也不会喝酒。遇到这类领导，如果他不愿意喝，就不要再继续劝酒了。

3. 如果领导一直不愿意喝酒，不要强求，强求只会让领导感到为难，甚至不开心。如果对方已经醉了，也请停止劝酒。

"以牙还牙"早过时了，现在流行"以礼还礼"

在宴会中或者其他的一些场合，我们常常会遇到对方彬彬有礼地向我们敬酒的场景。遇到这种情况时我们应该怎么办呢？下面这个例子就很能带给人启示。

一日，某市举办招商引资酒会，市招商局局长举杯祝酒。他端起一只小酒杯，桌子上放着一只大酒杯，说道："尊敬的各位来宾，我们十分欢迎各位嘉宾到我市洽谈合作。为了表达我们的诚意，我向各位敬酒。我们这里有一个特殊的习惯，为了表达我们对最尊贵的客人的敬重，我要代表全市两百万人民向各位敬十杯酒。这第一杯酒，是一见如故，一切如意，一路顺风；这第二杯酒，是两方合作，双方携手，二月春风；这第三杯酒，是三阳开泰，三星在户，三江深情；这第四杯酒，是四通八达，四面进财，四海升平；这第五杯酒，是五子登科，五福临门，五谷丰登；这第六杯酒，是六六大顺，六韬三略，六合丰功；这第七杯酒，是七鸟朝阳，七杯见底，七色彩虹；这第八杯酒，是八音迭奏，八方风雨，八面来风；这第九杯酒，是九九归一，九天揽月，九色凤鸣；这第十杯酒，是十全十美，十分倾心，十分欢迎。"当然，他在说每一杯的同时，都十分认真地用小杯向大杯里倒上一杯酒。

面对如此敬酒，众来宾大惊失色。而敬酒者在大家的一片叫好声中将一大杯酒一饮而尽，然后把杯底向客人展示了一下，等着看客人怎么喝这一大杯酒。

上述案例是以礼敬酒的典型范例。案例中局长并没有强劝来宾喝酒，可是来宾如果少喝一杯，都似乎对不起人家那代表全市两百万人民的十杯酒的深情。可是喝了这十杯酒，又哪里能承受得了？而谁又能马上说出与敬酒人相似又相对应的以数字开头的这样新颖的祝酒词呢？

其实，对如此敬酒，最好的办法就是以礼还礼，你以礼敬酒，我礼貌地少喝或不喝酒。你用这么多的数字来限制我，让我喝那么多杯酒，我就巧妙地回避这个数字问题来回敬你，不然，就容易陷入对方设计的圈套中。

拒绝不伤颜面，不喝酒也有人情味

酒桌上的氛围总是喝酒容易拒酒难，想要拒绝本身就是一件难事。拒酒的话要说得不让劝酒的人觉得是你故意不给面子，或者不让其他人觉得你在故意扫大家的兴，就更不容易了。下面我们介绍几种行之有效又自然大方的拒酒方式。

1. 满脸堆笑，就是不喝

张力大喜之日，特邀亲朋祝贺，小波也在其中。然而小波平素很少饮酒，且酒量"不堪一击"。酒席上，偏偏有人提议小波与张力单独"表示"一下，小波深知自己酒量的深浅，忙起身，一个劲地扮笑脸，一个劲地说圆场话："酒不在多，喝好就行。"

"经常见面，不必客气。"

"你看我喝得满面红光，全托你的福，实在是……"

结果使张力无可奈何。在筵席上一些"酒精（久经）考验"的拒酒者，任凭敬酒的人说得天花乱坠，他就是笑眯眯地频频举杯而不饮，并且振振有词。这种"满面笑容，好话说尽"的拒酒术往往能让对方拿你没办法，最后只好作罢。

2. 以其人之道，还治其人之身

小君的朋友吴勇，人很好，就是有一个毛病，喜欢在酒席上盛情劝酒，而且通常采取那种欲抑先扬的劝酒术，先恭维对方是"高人"或"朋友"，再举杯敬酒，让对方骑虎难下。因为吴勇已经"有言"在先，如果不喝，就不配为"高人"，不配做"朋友"。

这天在酒席上，吴勇又故技重演，劝小君喝酒，可小君怎么也不想喝，于是说："今天你要我喝酒简直是要我的命。如果你把我当朋友，就不要害我了！"

吴勇也不好意思再劝了，小君使用了和他一样的说话技巧，可谓是以其人之道，还治其人之身。小君的言下之意也很明白：你要我喝酒就不够朋友！而劝酒者都有一个心理：喝也罢，不喝也罢，口头上都必须承认是朋友，是兄弟。抓住这个弱点予以反击，劝酒者碍于"朋友"的情面，不得不缄口。

3. 坦白求"从宽"

赵波去参加一个宴会,王刚好久没与他见面了,坚持要和他痛饮三杯。赵波说:"你的厚意我领了,遗憾的是我最近一段时间身体不好,正在吃药,好久滴酒不沾,只好请老朋友你多多关照了。好在来日方长,后会有期,日后我一定与你一醉方休,好吗?"

此言一出,宾客们纷纷赞许,王刚也就只好见好就收了。

事实胜于雄辩,拒酒时,若能突出事实,申明实际情况,表明自己的苦衷,再配上得体的语言,那就能取得劝酒者的谅解,使他欲言又止,辍杯罢手。

4. 夸大后果,争取谅解

饮酒当然是喝好而不是喝倒,让客人乘兴而来,尽兴而归。那种不顾实际的劝酒风,说到底,也不过是以把人喝倒为目的,这充其量只能说是一种低级趣味的劝酒术,是劝酒中的大忌。作为被动者,当酒量喝到一半有余时,就应向东道主或劝酒者说明情况。如:"感谢你对我的一片盛情,我原本只有三两酒量,今天因喝得格外称心,多贪了几杯,再喝就'不对劲'了,还望你能体谅。"

如此开脱以后,就再也不要喝了,这种实实在在地说明后果和隐患的拒酒术,只要劝酒者明白"过犹不及"的道理,善解人意者,就会见好就收。

5. 女将出马,以情动人

媛媛陪丈夫去参加聚会,酒席上丈夫的好朋友们大有不醉不归的架势。但丈夫身体不好,媛媛担心生性内向的丈夫会一陪到底,而不会适时拒绝。等丈夫三杯白酒下肚，媛媛站了起来，举起手中的酒，对酒席上丈夫的朋友们说："各位好朋友，我丈夫身体不好，两周前还去过医院，医生特地嘱咐说不能喝酒，可今天见了大家，他高兴，才喝了那么多。既然都是好朋友，你们一定不忍心让他酒喝尽兴了，人却上医院了。为了不扫大家的兴，我敬各位一杯，我先干为敬！"

说完，一杯酒就下了媛媛的肚子。丈夫的朋友们，听她说的话挺在理，又充满感情，再看她豪爽的架势，也就不再劝她丈夫的酒了。

酒席上，女人拒酒往往更能得到人们的理解，如果女人能帮着丈夫拒酒，不就是帮丈夫解围了吗？当然这时一定要慎重，不要贸然代替丈夫拒酒，否则会让人觉得你的丈夫不豪爽，反而有损丈夫的面子。

6. 设下陷阱，请君入瓮

刘某新婚大喜之日，当酒宴进入高潮时，某"酒仙"似醉非醉，侃侃而谈，请三位来宾一起"吹"一瓶。面对"酒仙"言辞上的咄咄逼人，三位来宾中的一人站起来说：

"我想请教你一个问题，'三人行，必有我师'，这是不是孔子的话？"

"是的。""酒仙"随即说。

来宾又问："你是不是要我们三个人一起喝？"

"酒仙"答："不错。"

来宾见其已入"圈套"，便说："既然圣人说'三人行，必有我师'，你又提出要我们三人一起喝，现在我们之间就有一位是你的老师，老师请你先示范一瓶，怎么样？"

这突如其来的一击，直逼得"酒仙"束手无策、无言以对，只得解除

"酒令"。

这一招叫"巧设圈套，反守为攻"。就是先不动声色，静听其言，等待时机，一旦时机成熟，抓住对方言辞中的"突破口"，以此切入，反守为攻，使对方无言争辩。

当然了，这一招最为关键的是"巧设圈套"，这需要设局者跳出当时的处境，以旁观者的心态，去看待事情本身。这时，往往会有"闪亮"的圈套跃入脑中。酒场上最忌的是"直白""粗鲁"。虚虚实实、实实虚虚是酒场的轴心。

总而言之，我们在饭局中拒酒的时候，一定要注意说话方式。生硬拒绝的话，如"我偏不喝，你能把我怎么样？"，这样没准就会和劝酒者发生争吵。两人趁着酒疯，一旦争吵起来，很可能就会丧失理性，使喜庆的宴会变成充满火药味的战场。拉开架势的话，如"你逼我喝？好，我今天豁出去了，谁怕谁？"。本来是想拒绝，经这么一说，反倒成了挑战，实在是事与愿违。有漏洞可钻的话，如"不用了吧，咱俩谁跟谁？"，没准对方会说："就是，咱俩谁跟谁？我的酒你能不喝吗？"

以酒挟情的劝酒术威力巨大，一般情况下令人无法抗拒，拒绝往往就是你"不领情"或者"不给面子"。总之，直接拒绝这样的劝酒显得特别伤感情。但在商务宴会上，这种以浓情作为幌子的劝酒带有很大的欺骗性，但是又不好直接拒绝，所以，采取"以情抵情"法最恰当。

第14章
把"小祖宗"管出花来

好奇心使用手册

众所周知,《哈利·波特》的孕育者J.K.罗琳女士因为这套书一跃成为全英国最富有的女人。根据此书拍摄的电影同样火爆,从《哈利·波特与魔法石》到《哈利·波特与死亡圣器》,观众云集,魅力持续而不减,曾蝉联北美票房冠军。

当我们随波逐流地追捧《哈利·波特》的时候,是否考虑过,无论是书籍还是电影,它们为什么有如此大的影响力,竟然如此吸引着人们?难道是哈利·波特这一人物有着鲜为人知的魔力?

不知道你是否发现,J.K.罗琳在创作《哈利·波特》系列第一部时,就已经为后面的持续创作埋下了伏笔,各部分环环相扣、矛盾迭起、险象环生,吸引着读者去猜测、幻想、推理故事的下一部分。严格的保密工作更是营造了一种神秘氛围,使所有读者刚看完一部就开始沉入到下一部的期待之中。而驱使这一切顺理成章发生的,无非是我们的好奇心。

我们再来看看《哈利·波特》在营销前所制造的神秘。只要稍微关注下《哈利·波特》的相关报道,你就能发现,悬念成为推销"哈利·波特"最好的"魔法"。"哈利·波特的好朋友中究竟是谁死去了?他与谁谈恋爱了?校长那么厉害怎么还会死?"这一系列"吊胃口"的宣传方法让出版商与发行商屡试不爽。作者J.K.罗琳在每部书推出之前都拒绝向读者透露书名,给了读者更多的想象与渴望。中国图书进出口上海公司的徐先生曾指出:"罗琳在写完前四部之后,整整停了三年才推出

《哈利·波特与凤凰社》，其实这是一个非常好的时机。连续地强烈刺激读者之后，突然停顿三年，让这些读者在未产生厌恶之前，又获得了大量的时间充分积蓄阅读欲。当推出第五部时，读者们对续集的渴望已经达到了峰值，她完全把握住了读者的心理。"看来，人们的好奇心给《哈利·波特》带来了无限的商机。

我们再来看看《哈利·波特》的一系列电影。很多看过书的人仍旧想到电影院再次体味一下故事情节，这是为什么呢？据说，罗琳女士曾表示会把她在小说构思中未采用的一个情节补充到电影里，这个悬念无疑会吊起众多哈利·波特迷的胃口。同时，每一部电影也像书一样，在非常激烈、动人心弦的时刻，又给下一部埋下伏笔，让好奇心驱使观众热切地期待下一部的出现。

《哈利·波特》走红的范例，深刻地讲述了一个道理：你一旦引起了对方的好奇心，就等于抓住了对方的注意力。对方对你产生了兴趣，你自然就好办事了。

例如，你想把自己的经验告诉孩子，避免孩子走弯路，但是孩子不一定有兴趣听，所以这个时候你不能以"妈妈小时候""爸爸小时候"这样的话语开头，而要以讲故事的方式来特别强调它的独特之处，哪怕是很小的一方面，也一定会比平平淡淡地说一大堆道理更吸引孩子。而一旦激起孩子的好奇心，让他明白是非对错就会容易很多了。还有，如果想转移孩子对某些不良事物的注意力，你不妨找一些能引起孩子好奇心的事物，或者讲述一些能引起孩子兴趣的故事，这样就可以把孩子的注意力适当转移了。

孩子天生就有梦想。当孩子有梦想时，父母应为此感到高兴，并且及时给予肯定、鼓励，因为这正说明了他们对客观世界已经产生了强烈的兴趣和旺盛的求知欲，说明了他们将来可能会成为有出息的人。心中拥有梦想的人，就会在希望中生活，投入他们全部的努力，并不断地创造生命的奇迹。

没有人不喜欢这种说服

有一种苦味的药丸，外面裹着糖衣，人们在服药的时候会先感到甜味，这样就容易一口将药丸吞下肚子去。于是，药物进入胃肠，药性发生效用，疾病也就好了。同样的，父母要对孩子说规劝的话，在未说之前，先给他一番赞誉，使孩子尝一些甜头，然后你再说那些规劝的话，孩子也就容易接受了。

古语云："数子十过，不如奖子一长。"跟孩子讲道理，应充分肯定孩子的长处，在此基础上再对孩子的过错予以纠正，这样孩子就容易接受。如果一味地数落孩子，只会让孩子产生自卑心理和逆反心理。

恰到好处的赞美是父母与孩子沟通的润滑剂。家长对孩子每时每刻的欣赏、赞美、鼓励会增强孩子的自信心。我们要切记：赞美鼓励使孩子进步，批评指责使孩子落后。

南京某厂技术员周宏用赞美的办法，把双耳几乎全聋的女儿婷婷，教育成了高才生。

周宏第一次看小婷婷做应用题，发现她十道题只做对了一道，按说该发火了，可是他没有。他在对的地方打了一个大大的红钩，并由衷地赞扬她："你太了不起了，第一次做应用题十道就对了一道，爸爸像你这么大的时候，碰都不敢碰呢！"八岁的小婷婷听了这话，自豪极了。

在父母的鼓励下，十岁那年，婷婷就写作出版了六万字的科幻童话。消息见报后，不少残疾儿童被送到周宏门下，都在周宏的"赏识教育法"下得到了很大进步。他说："哪怕天下所有人都看不起你的孩子，你都应该眼含热泪地欣赏他，拥抱他，赞美他。"

周宏巧妙地把赞美运用到了孩子的教育问题上。赞美开发了孩子内在的潜力，激起了他们学习上的热情，唤起了他们强烈的进取心，使得孩子变"要我学"为"我要学"，从而在心理上彻底解放了孩子。

人都是爱听好话，喜欢受到表扬的。美国著名心理学家威廉·詹姆斯研究发现："人类本性中最渴望的就是受到赞美。"孩子更是如此。因为孩子好奇心强但自信心不足，他们对自己的每一点小小的进步都非常在乎，渴望得到大人的肯定。所以，恰当的赞美往往能够帮助孩子更好地成长。

蹲下来，和孩子一起成长

放下架子，蹲下身来和孩子说话是一种很具体的说服教育方法，却体现了如何看待子女同父母的关系的教育观念，也从一个侧面体现着说服教育孩子的能力和水平。

一位访澳归来的老教师，谈到赴澳见闻时说："澳大利亚的家长蹲着和孩子说话给我留下了很深刻的印象。第一次见到这种情景，是在我的朋友家。一个周末，他们请我去吃晚饭，当他们两岁多的孩子吃饱了，要下地去玩时,他们蹲下来对小孩子说话。当时,我感到很惊讶,以为这是他们特有的教育方式而未再多问。又一个周末,当学校的一位秘书遂蒂请我住到她家,去共度两天周末时,我又一次见到这动人的情景。

"遂蒂有一对可爱的儿女,当我们一同去超级市场时,四岁的儿子因为姐姐先坐进汽车而不高兴了。遂蒂在车门口蹲下,两只手握住儿子双手,脸对着脸,目光正视着孩子,诚恳地说:'罗艾姆,谁先坐进汽车并不重要,对吗?'罗艾姆看着妈妈会意地点点头,钻进了汽车并挨着姐姐坐下了。

"这时,我禁不住同遂蒂谈起了对孩子的教育方式。她说:'在我小的时候,我的父母就是这样同我说话的。我认为,孩子也是人,也是独立的人,只因为他们比我们矮一些,我们就应该蹲下来同他们说话……'"

澳大利亚父母的言语和行为使人深思:家长蹲下来同孩子在一个高度上脸对脸、目光对视着谈话,体现了家长对孩子的尊重,体现了成人对小孩子的事情或问题认真又亲切的态度。同时,这样对孩子进行说服既增进了亲子间的关系,又能得到很好的效果,简直是一箭双雕。

别把自己当"皇帝",你的命令好"难听"

卡耐基认为,拼命地指挥他人是没有什么好处的。从内心来讲,每个人都喜欢指挥他人而不是听命于他人,但出于工作的安排,听命于他人这种情况是不可避免的。问题是有些人的命令很难让人听下去,更别说从内心接受了。一般来说,当我们命令他人时,最好多一些疑问句而非祈使句,要让对方感到你既是在征求他的意见,同时也是在安排他去做某事，并且要求一定要完成。

著名的资深传记作家伊达·塔贝在写《欧文·扬传》的时候，曾和一位与欧文·扬共事三年的先生谈话。这位先生宣称，他从未听过欧文·扬指使别人——他只是建议，不是命令。譬如，欧文·扬不会说"别这么做，别那么做"或"去干这个，干那个"，他只会说"你可以考虑这样"或"你觉得那样有用吗"。他常常在口授一封信之后说："你觉得这样如何？"在接过助手写的信之后，他会说："也许这样写比较好。"他不教助手做什么，而让他们自己去做，让他们自己在错误中学习。

这种办法容易让一个人改变自己原有的观点，又能保持个人的自尊心。给他人一种自重感，这样他就会与你保持合作，而不是反对。

南非约翰内斯堡有一位小工厂的总经理，名为伊安·麦当劳。他的工厂专门制造精密仪器。有人愿意向他订购一大批货物，但要麦当劳先生保证能如期交货。由于工厂进度早已安排好，能否在短时间内赶出一大批货，连麦当劳也不敢确定。

麦当劳没有催促工人赶工，他只是召集了所有员工，把事情详细说明了一番，便开始提出问题。

"我们有什么办法可以处理这批订货？"

"有没有什么办法可以调整一下时间或个人分配的工作，以加快生产进度？"

"有没有人想出其他办法，看我们工厂是不是可以赶出这批订货？"

员工们纷纷提出意见，并且坚持接下订单。他们用"我们可以做到"的态度去处理问题，结果他们接下了订单，而且如期赶出了这批订货。

谁都讨厌被人命令、受人指使，即使是你的孩子也是如此。"杰克，别整天只顾着玩，快去复习功课！"虽然他嘴上说"知道了"，却总是磨磨蹭蹭地不行动。你在餐厅里对服务员说："喂，拿杯咖啡来。"他可能会答"好的"，却迟迟不送咖啡上来。

嘴里答应了却不去行动的人，必有他的某种原因存在。其主要原因就是，人都讨厌被人指使，尤其是处在叛逆期的孩子，他们总是在潜意识里会对命令和指使反抗。他们总希望自己能够主宰自己的事情，若经别人催促，即使口中答应了，也会在某种地方残留着反抗，成为行动的障碍物。所以，老师和家长对孩子说话时，一定要记住这一要诀：用提问或者建议的方式代替直接命令。

作为父母，应该除掉多余的担心，尽可能让孩子接触到各类东西，让孩子自己去体验各种各样的经历。每个孩子都有自己的选择方式，都有自己的想法，都有自己的定位，每个孩子的世界都是一个相对独立的世界。对生活的环境，孩子们已经逐渐形成自身的一套处事方式，家长不要过于强求孩子去做不愿做的事情。如果父母使用命令的方式，强制性地要求孩子什么可以做，什么不可以做，会让孩子陷入无奈的境地，导致他们更多的反抗。

肯定诱导法

美国一位哲学家、心理学家威廉·詹姆斯曾说过："人类最殷切的需求是被肯定。"只有从肯定入手开始沟通，让孩子感受到你的亲和力，孩子才会对你敞开心扉。

有一天，一位父亲带着"有问题的"孩子到心理学家那里去寻求帮助。刚开始，孩子一言不发，无论心理学家怎么询问、启发，他也不开口，这使得心理学家一时之间无从着手。后来心理学家在与他父亲的交谈中找到了医治的线索。孩子会如此表现，都是因为他的父亲总是坚持说："这个孩子一点儿长处也没有，我看他是没指望、无可救药了！"

于是，心理学家开始默默地观察孩子，并发现他极具雕刻的天赋。他家里的家具全被他刻过，到处都是刀痕，他的父亲常常因此惩罚他，而心理学家却不断地鼓励他："孩子，你是我所认识的人当中，最会雕刻的一个。"

从此以后，他们接触得频繁起来，随着了解的加深，心理学家又慢慢地找出其他事项来承认他。有一天，这个孩子竟然不用大人吩咐，主动去打扫房间了。心理学家问他为什么这样做，他回答说："我想让老师您高兴。"

为什么那孩子对与他非亲非故的心理学家敞开了心扉，甚至还想做一些事来讨好这位心理学家，而对有着血缘之亲的父亲却拒绝交流呢？从父亲那方面来看，否定孩子会让他的气场变得非常具有压迫力，而孩子面对这种压迫力只能采取封闭、压抑的保护性姿态。孩子渴望得到肯定，这种渴望其实也就是一种同频信息——孩子对自我的肯定。当心理学家肯定了孩子的优点时，其实也就通过气场共振，与孩子瞬间拉近了心理距离。

其实，"从肯定开始诱导"并不是什么高深的技巧，谁都可以掌握，关键是你要通过一些容易达成共识的问题开始。肯定和否定，有时候其目的是一样的，但效果却截然相反。从肯定开始沟通，就像打开一扇门，双方的气场越来越接近；而从否定开始，你可能就要碰壁了。人都喜欢听好话，更何况孩子。因此，面对孩子天真幼稚的行为，不能用成人的标准来判定，应发自内心地赞美孩子的创造力："你真行！我小时候可不如你。"随着孩子年岁的增长，对他的鼓励更应多于批评，孩子的进步就会越来越快，也会把家长当作自己成长道路上的良师益友。

如果为人父母，只知道一味地责备，甚至恶狠狠地训斥，那么必定会使孩子的自尊心在你的训斥声中丧失殆尽，同时毁掉的还有你与孩子的关系。

孩子"搞破坏"，试试奖励递减法

孩子不听话，最让家长头疼了。那么，孩子为什么不听话，怎样做才能让孩子乖乖听话呢？我们先来看一个例子。

在大院的后面，停放着一部破旧的汽车，院子里的孩子们吃完晚饭便会跑出来，爬进车厢又唱又叫，乐此不疲地玩耍，吵嚷声震耳欲聋。大人越管，孩子们跳的声音越大，大人们见此情景，只有无奈地摇头。

这天，院子里新搬来一位王老师，她对孩子们说："孩子们，你们今天比赛，看谁唱得最响，奖玩具手枪一支。"众童欢呼雀跃，争相歌唱，优者果然得到玩具手枪。

次日，王老师又来到车前，说："今天继续比赛，奖品为一块巧克力。"众童见奖品还不如昨天的，纷纷不悦，无人卖力歌唱，声音稀疏而微弱。

第三天，王老师又对孩子们说："今日奖品为花生米两粒。"孩子们闻言，纷纷跳下汽车，都说："不唱了，真没意思，回家看电视得了。"

在孩子们搞破坏时，王老师并没有打骂孩子们，而是抓住了有趣的儿童心理，在正面无法突破的情况下，采用奖励递减法，收到了奇妙的说服效果。

例子中王老师取胜的原因在于：处于成长期的孩子有着强烈的表现欲，他们总是想尽办法引起成人对他们的注意。至于采用什么方法，造成什么影响，不在他们考虑的范围内。这个时期的孩子还有逆反心理，如果对他们采用强制的办法，只会强化他们的表现欲，引起他们的行为对抗，事与愿违。王老师这样安排，意在排除孩子逆反的根源，避免在心理诱导过程中出现新的干扰。

当头棒喝，温柔劝慰要及时

青少年是人类发育过程中的一段时期，介于童年与成年之间。在这段时期里，人类会经历一段青春期，也就是性成熟的过程。面对青少年的早恋现象，做家长的应该如何进行说服呢？

某高中一名高二女生受不良风气影响有了早恋倾向，和同班一个男生频繁约会，上课时也心不在焉，以至于成绩大幅滑坡。班主任把她叫到办公室，问她为什么不认真学习，她回答："没心思学。"

班主任听后厉声呵斥道："你那心思都干什么去了？你为什么就这样执

迷不悟？告诉你，高中生不允许谈情说爱。再过一年，你就后悔莫及了。他考上了重点大学，就决不会跟你来往了——因为你太浅薄、太目光短浅了！"

那女生一听这么严厉的话，眼泪就扑簌簌流了下来，眼里满是对老师的忌恨，但心里却受了极大的震动。待她哭完，班主任又温和地说："对不起，我刚才的话可能不够礼貌，其实我只是出于无奈，是担心你堕落到那种地步啊！"

那女生终于领会了班主任初而严厉继而温和的真实用意，因此，一面接受了老师的道歉，一面痛下了洗刷"浅薄"的决心。

生活中一些执迷不悟的孩子，成天沉浸在自己的想法中，浑浑噩噩、糊里糊涂。这时，要惊醒他们，可以采取像这位班主任一样的"当头棒喝，反向刺激"的方式，给对方强烈的心理刺激，促使他们深刻反思自己。当然，反向刺激的最终目的还在于正面引导，所以，最好能在孩子有所触动后，再对自己刚才言语的率直加以道歉，让孩子恢复心理上的平衡，只有这样，才能取得好的说服效果。

第 15 章
调解纠纷,不做照镜子的"猪八戒"

自动放弃争吵法则：唤起当事人的荣誉感

一个人曾经拥有的荣耀和嘉奖常常会成为鞭策其严于律己的动力，但是在吵架的过程中，人们由于情绪激动，往往容易忘记平时对自己的要求。因此，调解纠纷时应该适时地点出争吵者引以为荣的地方，唤起他的荣誉感，使他认识到作为一个受人尊敬的人，应该克制自己的情绪，用理智来解决问题，这样才无愧于自己的荣誉，于是自觉放弃争吵。

某日，在一辆公共汽车上，乘务员关车门时不小心夹住了乘客，但她还不认账。这时一位名叫小丁的青年打抱不平，对乘务员说："你是干什么吃的！不爱干，回家抱孩子去！"乘务员也不甘示弱，嘴毒得像刀子，于是两人便吵了起来。这时，站在小丁旁边的一位老人发话了，他拍了拍小丁的肩膀说："小丁，你当机修大王还不够，还想当个吵架大王吗？"青年说："师傅，我可不认识你呀！"

"我认识你，上次我去你们厂，你在门口的光荣榜上欢迎我，那特大照片可神气呢！"

小丁一下红了脸。

老人说："以后可不要再吵架了，这不是解决问题的办法嘛。"

一场纠纷就这样平息了。

在上述案例里，被唤醒的荣誉感发挥了很大的作用。小丁由于打抱不平而与人争吵，那位老人及时地提醒他回想起自己曾上过光荣榜，暗示他吵架会损害他的荣耀。小丁意识到这一点之后,立刻为自己的冲动感到惭愧,于是很快恢复了平静。

规劝别人时,唤起对方的荣誉感,可以让其不再好意思争吵,如此一来,纠纷也就能很快解决了。

不偏不倚,肯定双方的观点

在别人发生矛盾争论的时候,夹在中间的滋味是比较尴尬的。对于相互争执的两个人来说,利益固然重要,面子也不容轻视,特别是在众人的眼皮底下,谁都渴望成为让别人刮目相看的强者。

但对于旁观者来说,争吵的两个人谁强谁弱并不是最重要的,最重要的是大家都能够为共同的事业倾注心力。为了协调好两人之间的关系,作为第三者,不应直接批评其中一方,而应采用富有情趣的幽默说法,委婉地表达自己的倾向或苦心。

一天,乾隆皇帝在和珅与刘统勋的陪同下,游山赏景。乾隆随口问了一句:"什么高,什么低,什么东,什么西?"饱有学识的刘统勋随口即应:"君子高,臣子低,文在东来武在西!"和珅见刘统勋抢在自己的前面,十分不快,随即相讥:"天最高,地最低,河(和)在东来流(刘)在西!"因为当时的皇家礼仪中,上首为东,下首为西,此话暗示:你刘统勋再老再有能耐,也在我和珅的下首。

刘统勋知道和珅的用心,心里也极为不满。三人来到桥上,乾隆要他们各人以水为题,拆一个字,说一句俗语,做成一首诗。刘统勋张口即来:"有水念溪,无水也念奚,单奚落鸟变为鸡(繁体为'鷄')。得食的狐狸欢如虎,落坡的凤凰不如鸡。"和珅一听,好呀!骂他是鸡!岂肯善罢甘休:"有水念湘,无水还念相,雨露相上使为霜,各人自扫门前雪,休管他人瓦上霜!"告诫刘统勋,给我当心点儿!乾隆听出了二人不和的弦外之音!于是,他一手拉一人,面对湖水中映出的三个人影说道:"二位爱卿听着,孤家也对上一首:'有水念清,无水也念青,爱卿共协力,心中便有情。不看僧面看佛面,不看孤情看水情。'"二人听罢,心中为之一振,深为乾隆的循循善诱而不降罪的隆恩所感动。和珅和刘统勋立刻拜谢乾隆,当着皇上的面握手言和。

在皇帝面前,刘统勋与和珅都渴望成为强者,成为皇帝最赏识的人,因此展露才华,互相贬低,搞得很不团结。此时乾隆如直接褒贬,一定会伤害一方的面子,致使双方的矛盾加深。乾隆故意吟诗一首,通过诗歌来隐晦地传达自己希望二人和好的愿望,既避免了对双方面子的伤害,又收到了良好的效果。

作为争论的局外人,我们应当善于打圆场,让矛盾及时得到化解。但是在打圆场的时候,一定要注意一个问题,那就是要不偏不倚,让双方都认为你没有偏向,都表示满意。否则,只能是火上浇油,还不如不说。

清末的陈树屏口才极好,善解纷争。他在江夏当知县时,张之洞在湖北任督抚,谭继洵任抚军,张、谭两人素来不和。一天,陈树屏宴请张之洞、谭继洵等人。当谈到长江江面宽窄时,张之洞说江面宽是七里三分,谭继洵却说江面宽是五里三分,双方争得面红耳赤,本来轻松的宴会一下子变得异常尴尬。

陈树屏知道两位上司是借题发挥，故意争闹。为了不使宴会大煞风景，更为了不得罪两位上司，他说：

"江面水涨就宽到七里三分，而落潮时便是五里三分。张督抚是指涨潮而言，而谭抚军是指落潮而言，两位大人都说得对。"

陈树屏巧妙地将江宽分解为两种情况，一涨一落，让张、谭两人的观点在各自的方面都显得正确。张、谭二人听了下属这么高明的圆场话，也不好意思争下去了。

有时候，争执双方的观点明显不一致，而且也不能"和稀泥"，这时，如果你能把双方的分歧点分解为事物的两个方面，让分歧在各自的方面都显得正确，这必定是一个上乘的好办法。

某学校举办教职员工文艺比赛，教师和职员分成两组，根据所造的道具自行编排和表演节目，然后进行评比。表演结束后，没等主持人发话，坐在下面的人就已经分成了两派，教师说教师的好，职员说职员的好，各不相让。

眼看活动要陷入僵局，主持人灵机一动，对大家说："到底哪个组能夺第一，我看应该具体情况具体分析。教师组富有创意、激情四溢，应该得创作奖；职员组富有朝气，精神焕发，应该得表演奖。"随后宣布两个组都获得了第一名。

这位主持人心里明白，文艺比赛的目的不在于决出胜负，而在于丰富大家的娱乐生活，加强教职员工的交流。如果双方为了名次而闹翻，实在得不偿失。于是，在双方出现矛盾的时候，主持人没有参与评论孰优孰劣，而是强调双方的特色并分别予以肯定。最后提出解决争议的建议，问题自然就解决了。

所以说，在双方因为不同意彼此的观点而争执不休时，作为圆场的人就应该理解双方的心情，找出各方的差异并对各自的优势都予以肯定，这在一定程度上能满足双方自我实现的心理。这时再提出建议，双方就容易接受你的说服了。

处理纠纷时，肯定双方是前提，这样双方才会觉得你是公正的。接下来，你再想办法具体解决纠纷。若是一开始你没有表明态度，争执的双方很可能拒绝接受你的调节。

主攻一方，让其主动退出

在现实生活中，难免会遇见亲朋好友为了某些事而发生冲突，需要你出面做和事佬的情况。但是，和事佬并不好做，这是个两边不讨好的差事，如果没有比较高超的语言技巧，往往会把自己陷进去，成为一方甚至双方攻击的对象。但是冲突总得有人调解，这该怎么办呢？

俗话说："一个巴掌拍不响。"在对双方进行调解时，可以考虑先主攻一方，让其主动退出争执，另一方没了冲突对象，纠纷自然就被化解了。

一天中午休息时，陈帅和李倩为了一点小事吵了起来。经理走进来组织了一下情况，接着将陈帅叫进办公室谈话。

经理说："陈帅啊，你是为公司的发展立下过汗马功劳的老员工了，而且，你年年先进，这在咱们单位是有目共睹的。李倩是刚刚大学毕业的新员工,没有社会经验,说话做事也都稚嫩得很。你业务能力强是全公司公认的,以后要继续努力啊!"陈帅听了经理的话,不好意思地说:"我以为经理叫我进来是为了刚刚我跟李倩吵架的事呢。"经理听后笑着说:"呵呵,陈帅啊,你是个细致的人,别跟小孩子计较,至于刚才的事我是什么也没看到啊。中午休息还是很重要的,出去休息吧,这样下午上班才会精力充沛。"

经理的一番话说得陈帅心里又甜又羞,出去后便不再与同事李倩争执了。经理夸奖陈帅,点明了陈帅的"身份"与李倩的差距,轻易化解了两人之间的冲突。

现实生活中,我们也可以利用这种方法来调解纠纷。不过这个调解办法在使用时必须注意不可伤害到另一方的自尊,你对一方的"抬高"最好不要当着另一方的面说,否则会事倍功半,收效不佳。

私下单独称赞对方,使双方各退一步

人们在吵架的时候,经常为了谁对谁错、谁好谁坏而争执不休,直接予以褒贬至少会引起一方的不满,甚至伤害其自尊心。因此,劝架者在进行劝解时应该避重就轻,不对双方道德上的孰优孰劣做出判断,而是强调二者在个性、能力上的差异,在客观上肯定一方,使其心里得到满足并放弃争执。

小陈和小杨是某学校新来的年轻教师,小陈心细,考虑事情周到,小杨性情有些鲁莽，但业务能力较强。一次，两个年轻人发生了争执，小陈说不过小杨，感觉很委屈，跑到校长处诉苦。校长拍拍小陈肩膀说："小陈啊，你脾气好，办事周到，这个大家都清楚，也都很欣赏。可是小杨天生是个急性子，牛脾气一上来什么都忘了，等脾气过去了就天下太平。你是一个细心的人，懂得从团结同事、搞好工作的角度看待问题，你怎么能跟他那暴性子一般见识呢？"一番话说得小陈脸红了起来。后来，小杨也来找校长告状，校长笑着跟他说："你的脾气直爽，就不要为了这点小事情计较了。我也知道，你找我不过是想说明情况，以你的度量，肯定不会因这点事情耿耿于怀的。你说是吧？"小杨摸了摸脑袋，不好意思地说："可不嘛，我就是来跟校长发发牢骚，呵呵！"几天以后，两人就握手言和了。

　　这是一个私下单独称赞对方以使得双方各退一步的典型例子。校长没有直接批评小杨，而是反复强调小陈脾气好，小杨性格直爽，这实际上是通过比较两人截然不同的性格来肯定小陈待人办事的方法是正确的，小陈领悟到校长的意思，自然也不会再跟小杨计较。接着，校长又夸小杨是个直爽的人，不会为了小事情耿耿于怀。小杨被校长捧得不好意思了，最后也就不再就这件事再生枝节了。这样，也就有了后来两人握手言和的可能。

　　因此，我们在帮助别人解决纠纷的时候，也可以适当运用上述校长私下单独称赞的方法，这样一来等于单独给了起纠纷的两个人各自一个台阶下，让两个人各退一步变成可能。

左拍右迎，调节争端

我们每个人都是这个社会的一个成员，在与其他成员的交往过程中，我们总是会遇到各种各样的难题。那么作为家庭成员的你，遇到令你烦恼、头疼的纠纷时应该怎么办呢？我们应降低争端本身的严重性，使一方或双方看淡争端，从而缓和紧张的气氛，平息风波。

某厂一对新婚不久的夫妻因家庭小事闹矛盾，女方一气之下跑到娘家哭诉告状，说男方欺负她。哥哥听罢心想：妹妹结婚不久就遭妹夫欺负，日后还有好日子过？于是气愤地扬言要去教训妹夫。这时，父亲充当起"和事佬"来首先对儿子说："教训他？别冲动！教训他就能解决问题吗？再说，他一个人孤立无援的，你去教训他，旁人岂不要说闲话？好了，你妹妹自己家里的小事，用不着你操心，还有我和你妈呢。你多管些自己的事去吧。"

待儿子息怒离开后，父亲又劝慰女儿说："别哭了，又不是什么大不了的事。都结婚出嫁了，还要小孩子脾气，多羞人。小夫妻哪有不吵架的？我当初和你妈就常吵闹呢。不过，夫妻吵架不记仇，夫妻吵架不过夜。你不要想得太多，日后凡事要大度些，不要像在娘家那样娇气任性。好，快点回你们小家去，不要让他到这里来找你回去，他是个不错的小伙子。家丑不可外扬，以后丁点儿小矛盾不要动不动就往娘家跑。"

女儿点头止哭，像没事一样，回她的小家去了。

夫妻吵架本是稀松平常的事，而当事人本人却认为事情很严重。因此，父亲在劝慰女儿的过程中，始终强调夫妻闹别扭只是"丁点儿"小事情，促使女儿把争端看得淡一点。女儿在冷静思考之后，认同了父亲的看法，想通了，气也自然消了。

作为要消除矛盾的第三者，我们应首先联络双方的感情，努力寻找双方心理上的共同点或共同感兴趣的话题。一幅名画，一张照片，一盘棋，一个故事，一则笑话，一句谚语，一段相同或相似的经历，乃至一杯酒、一支烟都可能引起对方的兴趣，都可成为降低争端的严重性、缓和气氛、打破僵局的契机。

提出稍稍折中的意见

如果纠纷双方是为了一个严肃的问题而互相争执，那么这个问题的严重性带来的压力，往往会加深他们之间的相互敌视，促使他们更加坚持己见、互不示弱。为了打破这种僵持不下的局面，调解方应该采取巧妙的方法将严肃的争执转化为诙谐幽默的谈话，使双方的心理压力得到缓解，为问题的解决制造转机。

二战末期，在德黑兰会议上，斯大林与丘吉尔就如何处置德国纳粹分子一事发生了争执。由于斯大林非常仇恨纳粹，因此他认为至少应该处死5万名纳粹分子。而丘吉尔企图利用德国制约苏联，因此他大声反对。两人各持己见，互不相让，气氛非常紧张。在场的罗斯福在这个问题上倾向于斯大林，但他又不能不给丘吉尔面子，于是，他用稍稍折中的方法笑着打圆场："你们看枪毙49500人行不行？"

没想到，斯大林和丘吉尔都愉快地接受了。斯大林虽然没有完全达到目的，但离自己的目标数据只差了一点点，而丘吉尔也保住了面子，因为毕竟没有完全按照斯大林的意思去办。于是，会议又顺利向下进行了。

生活中很多争执都是双方互不让步、怕丢面子造成的。因此，作为夹在中间的第三方，当别人争执不下的时候，你出面提出折中的意见，便可能成为解决问题的关键，你也会因此成为争执双方心目中的"救星"。